प्रायोगिक द्विबिन्दु वर्गीकरण

प्रायोगिक द्विबिन्दु वर्गीकरण

मोहिन्दर प्रताप सतीजा
गुरु नानक देव विश्वविद्यालय
अमृतसर (पंजाब)

अनुवादक :
रमाकान्त शर्मा
रीवा (म० प्र०)

Ess Ess Publications
24, ANSARI ROAD
NEW DELHI-110002.

First Published 1992
ISBN 81—7000—138—2

Price : **Rs. 600**

Published by Sheel Settn (Mrs.) for Ess Ess Publications,
New Delhi-110002 & Printed at : Choudhry Printers,
Moujpur Delhi-110053.

हिन्दी प्रेंमियों
को
सादर समर्पित

प्रस्तावना

ज्ञान के भण्डार गृह पुस्तकालय में ज्ञान को व्यवस्थित रखने एवं उसे पुनः आवश्यकतानुसार प्राप्त करने में वर्गीकरण एक अद्वितीय प्रक्रिया तथा साधन है। इस वर्गीकरण के लिए विभिन्न विद्वानों ने समय-समय पर विभिन्न प्रणालियाँ दी हैं। इन प्रणालियों में द्विबिन्दु वर्गीकरण प्रणाली का अपना विशिष्ट स्थान एवं महत्व है। इस प्रणाली के प्रणेता डा० शियाली रामामृता रंगानाथन को भी इस कार्य के लिए काफी सम्मान प्राप्त हुआ।

द्विबिन्दु वर्गीकरण प्रणाली काफी जटिल और उलझनपूर्ण प्रणाली मानी जाती है। इसका कारण मिश्रित अंकन और वैश्लेषी-संश्लेषणात्मक पद्धति का प्रयोग है। बहुत से विद्वान इसे बीजगणित के प्रश्नों की भांति कठिन समझते हैं। वास्तव में यह प्रणाली व्यवहारिक दृष्टि से सबसे अधिक उपयोगी है, और इसका प्रयोग करना थोड़े परिश्रम से ही आसान हो जाता है।

द्विबिन्दु वर्गीकरण प्रणाली को सर्वप्रथम इंग्लैंड के विद्वानों ने मान्यता दी जिसमें बनार्ड पामर और ए०जे० वेलस के नाम प्रमुख रूप से हैं। सन् 1957 में इस प्रणाली के ऊपर पहली अन्तर्राष्ट्रीय संगोष्ठी का आयोजन भी इंग्लैंड के विद्वानों ने डॉकिंग में किया। इस संगोष्ठी के परिणाम स्वरूप इस पर जोर-शोर से खोज कार्य प्रारम्भ हो गया और यह पुस्तकालय विज्ञान के पाठ्यक्रम का प्रमुख अंग बन गई।

भारतीय पुस्तकालयों में भी इसका प्रयोग किया जाने लगा। समय की माँग के अनुसार इसे पुस्तकालय विज्ञान के पाठ्यक्रम में सम्मिलित कर पढ़ाया जाने लगा। विद्यार्थियों के सहायतार्थ अनेक पुस्तकें लिखी गईं जिनमें से अधिकांशतः अंग्रेजी भाषा में उपलब्ध हैं।

हिन्दी भाषा में नाममात्र की पुस्तकें उपलब्ध हैं। यह जो पुस्तक आपके हाथ में है, हिन्दी भाषी उपयोगकर्ताओं को द्विबिन्दु के प्रायोगिक स्तर को समझने में काफी सहायक होगी। यही इस पुस्तक का मनतव्य और प्रयास है। इस प्रणाली में अनुसूची अंग्रेजी में है अतः इस प्रणाली को समझने के लिए अंग्रेजी

भाषा का थोड़ा बहुत ज्ञान आवश्यक है, जो कि पुस्तकालय विज्ञान के छात्रों से इसकी अपेक्षा की जा सकती है ।

इस पुस्तक में वर्गीकरण के लिए आवश्यक विषय एवं शीर्षक आदि हिन्दी में देने का प्रयास किया गया है। यह बात अलग है कि आपकी धारणा के अनुसार अर्थ न हो; फिर भी शब्दार्थ सभी के लिए बोधगम्य हो इसका प्रयास किया गया है।

इस पुस्तक के लेखन में हमारे हिन्दी भाषी एवं प्रेमी विद्यार्थियों से जो मुझे अप्रत्यक्ष रूप से प्रेरणा मिली है उसी का प्रतिफल उनके ही उपयोगार्थ सामने है। इनके अलावा इसे पूर्ण करने में मुझे अपने मित्रों, सहयोगियों एवं पारिवारिक सदस्यों से जो सहयोग मिला है वह अविस्मरणीय रहेगा।

दिनांक
जनवरी, 1992

लेखक
मोहिन्दर प्रताप सतीजा

पाठ्यक्रम

1

द्विबिन्दु वर्गीकरण का जनक

—डा० शियाली रामामृता रंगानाथन

आज के तमिलनाडु राज्य, पूर्व के मद्रास राज्य के तंजावूर जिले के शियाली नामक गांव के एक गरीब ब्राह्मण परिवार में 12 अगस्त, 1892 में जन्म लेने वाला बालक आगे चलकर भारतीय पुस्तकालय विज्ञान का जनक हो जायेगा, इसकी कल्पना उस समय उस गांव के लोगों ने नहीं की थी। रंगानाथन के पिता का बचपन में ही देहावसान हो गया। गरीबी में गुजर-बसर करते हुए रंगानाथन ने अपनी पढ़ाई में रुचि बनाये रखी। अपनी इसी रुचि के कारण 1910 में मैट्रिक की परीक्षा उच्च अंकों से उत्तीर्ण कर 1916 में गणित विषय में M. A. की परीक्षा उत्तीर्ण करके 1917 में शिक्षक प्रशिक्षण महाविद्यालय सैदापत से अध्यापन का प्रशिक्षण प्रमाण-पत्र प्राप्त किया। इसके पश्चात् 1917 से 1920 तक राजकीय महाविद्यालय मद्रास तथा 1920-23 तक प्रेसीडेंसी महाविद्यालय मद्रास में गणित का अध्यापन कार्य किया। इसी समय अपने मित्रों के आग्रह पर मद्रास विश्वविद्यालय के ग्रंथालय के लिए ग्रंथालयी पद हेतु आवेदन किया। यहीं से उनके जीवन की नयी दिशा का शुभारम्भ हो गया, इसके साथ ही पुस्तकालय विज्ञान के नए युग की शुरुआत हो गई, यद्यपि इसकी कल्पना उस समय किसी को नहीं थी।

सन् 1924 में मद्रास विश्वविद्यालय ग्रंथालय के ग्रंथालयी पद ग्रहण करने के पश्चात इसके प्रशिक्षण के लिए विश्वविद्यालय द्वारा इंग्लैंड भेजे गए। ग्रंथालय विज्ञान के प्रशिक्षण के समय उनके वैज्ञानिक मस्तिक ने पुस्तकालय प्रबन्ध, पाठक सेवा, पुस्तकालय विज्ञान की शिक्षा में कई त्रुटियां पाईं।

सन् 1925 में भारत लौटने पर वे पुस्तकालय विज्ञान के सिद्धान्तों को नए सिरे से परखने लगे ताकि यह विज्ञान नाममात्र का विज्ञान न रहकर सही अर्थ में विज्ञान बन जाय। इस हेतु उन्होंने भारत में पुस्तकालय सेवा के सामूहिक विकास का कार्य अपने सिर पर ले लिया। उन्होंने देश के नेताओं और बुद्धि-

जीवियों को अपने प्रचार के माध्यम से यह समझा दिया कि उपयुक्त एवं व्यवस्थित पुस्तकालयों के बिना सामाजिक एवं आर्थिक विकास सम्भव नहीं है। डा० रंगानाथन ने बताया कि ज्ञान एक देश की बहुत बड़ी सम्पत्ति है। ज्ञान उतना ही आवश्यक है जितना कि पूंजी, जमीन एवं मानवीय शक्ति। ज्ञान के बिना आर्थिक, सामाजिक एवं सांस्कृतिक विकास सम्भव नहीं है। इस कार्य के लिए डा० रंगानाथन ने पुस्तकालय विज्ञान के प्रत्येक पहलुओं पर (विशेष रूप से सामाजिक एवं तकनीकी) लगभग साठ पुस्तकें एवं दो हजार शोध-पत्र लिखे हैं। उनकी कई पुस्तकें उच्च कोटि की श्रेणी में आती हैं तथा कुछ गौरव ग्रन्थ की श्रेणी तक पहुंच गई हैं। उनकी पुस्तकों का देश-विदेश की कई भाषाओं में अनुवाद हो चुका है। ये पुस्तकें जहां शिक्षा एवं शोध में सहायक हैं वहीं कुछ पुस्तकें आम व्यक्तियों के पढ़ने के लिए हैं। उनके इस साहित्य ने केवल पुस्तकालय विज्ञान के विभिन्न पहलुओं में वृद्धि नहीं की बल्कि पुस्तकालय विज्ञान को नए सिरे से सजाया एवं सँवारा है। डा० रंगानाथन के सिद्धान्तों को शीघ्र ही विश्व के प्रत्येक पुस्तकालय विज्ञान विद्यालयों में पढ़ाया जाने लगा। उनके सिद्धान्तों को सामूहिक रूप से भारतीय विचारधारा के नाम से जाना जाने लगा। इससे पुस्तकालय विज्ञान में एक नई विचारधारा ने जन्म लिया।

मद्रास के अतिरिक्त उन्होंने भारत के दिल्ली, बनारस आदि विश्वविद्यालयों के पुस्तकालयों का पुनर्गठन किया और इन पुस्तकालयों को वैज्ञानिक पथ पर अग्रेषित किया, इसके साथ-साथ पुस्तकालय विज्ञान की शिक्षा के लिए कई संस्थाएं स्थापित की जहां वर्तमान में पी०एच-डी० स्तर तक के शोध कार्य किये जाते हैं। सरकार की सहायता से उन्होंने सन् 1962 में बंगलौर में एक प्रलेखन शोध एवं प्रशिक्षण केन्द्र (DRTC) की स्थापना की। प्रलेखन के क्षेत्र में स्थापित यह केन्द्र विश्व का प्रथम एवं एकमात्र केन्द्र है। इस केन्द्र में उच्चस्तरीय शोध एवं प्रशिक्षण कार्य किया जाता है।

डा० रंगानाथन के मौलिक सिद्धान्त एवं उनके नये विचारों ने उनको दूर-दूर तक विख्यात कर दिया। इंग्लैंड के पुस्तकालय विज्ञान के विद्वान तो उनके पद चिह्नों पर चलने लगे और उनकी खोज को व्यावहारिक रूप से प्रयोग करने लगे। डा० रंगानाथन के सिद्धान्तों को विशेष रूप से वर्गीकरण के, विश्व के सभी विश्वविद्यालयों में पढ़ाया जाने लगा। इस प्रकार उनको देश-विदेश से बुलावे आने शुरू हो गए और वे वहां जाकर अपने विषय पर कई शोध कार्य पर व्याख्यान दिये। कई संस्थाओं की ओर से उन्हें सम्मानित किया गया। सन् 1955 में दिल्ली विश्वविद्यालय ने उन्हें डी० लिट् की उपाधि प्रदान की तथा 1957 में भारत सरकार ने उन्हें पद्मश्री के सम्मान से सम्मानित किया, परन्तु डा० रंगानाथन को वास्तविक सम्मान तो तब मिला जब वे सन् 1965 में

भारतीय पुस्तकालय विज्ञान के राष्ट्रीय प्राध्यापक बनाये गए। डा० रंगानाथन को भारतीय ही नहीं वरन् अन्तर्राष्ट्रीय संस्थाओं ने अपने सदस्य एवं अध्यक्ष भी बनाया। उनको सम्मानित किए जाने का यह सिलसिला आज उनके मरणोपरान्त भी जारी है। सन् 1988 में प्रकाशक "हाल आफ फेम" में सम्मिलित कर सम्मानित किया है।

इस प्रकार रंगनाथन अपने जीवत पर्यन्त अपनी विलक्षण प्रतिभा से भारत का नाम बढ़ाते रहे। उन्होंने यह सिद्ध कर दिया कि आज भी भारतीय विद्वान अपनी विद्वत्ता से विश्व का मार्ग प्रशस्त कर सकते हैं। इस महान विद्वान पुस्तकालय विज्ञानी का अस्सी वर्ष की अवस्था में 27 सितम्बर, 1972 में बंगलौर में निधन हो गया।

डा० रंगानाथन के इस अथक प्रयास और अनुसंधान कार्य के फलस्वरूप भारतीय उन्हें प्यार और सम्मान से भारतीय पुस्तकालय विज्ञान का जनक (पिता) कहते हैं। आज उनके मरने के बीस वर्ष पश्चात् सूचना विज्ञान के प्रारम्भिक दौर में भी डा० रंगानाथन के विचार और सिद्धान्त पूर्ववत उपयोगी सिद्ध हो रहे हैं। सन् 1985 में भारतीय पुस्तकालय संघों ने उनके सम्मानार्थ एक अन्तर्राष्ट्रीय संगोष्ठी का आयोजन नई दिल्ली में किया; जिसमें देश-विदेश के प्रमुख पुस्तकालय विज्ञानियों ने भाग लेकर उनके सिद्धान्त और विचारों की वास्तविकता को प्रमाणित किया। आज हम भारतवासी उनकी जन्म शताब्दी आयोजित कर उनके प्रति अपना सम्मान और आभार प्रकट कर रहे हैं।

2

द्विबिन्दु वर्गीकरण का इतिहास

डा० रंगानाथन ने जिस समय लन्दन स्कूल आफ लाइब्रेरियनशिप में ग्रन्थालय विज्ञान के प्रशिक्षण हेतु प्रवेश लिया उस समय वहां उच्च कोटि के शिक्षक अध्यापन कार्य कर रहे थे। इन शिक्षकों में से एक शिक्षक विलियम चार्ल्स वार्विक सेयर्स भी थे। प्रो० सेयर्स के सम्पर्क में आकर रंगानाथन ने अपनी प्रतिभा को उभारने के सुअवसर को नहीं खोया। सेयर्स ने भी अपने इस विलक्षण प्रतिभावान छात्र को रुचि एवं योग्यतानुसार उचित मार्गदर्शन प्रदान किया। जिस समय रंगानाथन लन्दन में अपना प्रशिक्षण ले रहे थे, उस समय वर्गीकरण के लिए अमेरिकन ग्रन्थालयी मेलविल ड्यूवी (1851-1931) द्वारा तैयार की गई दशमलव वर्गीकरण प्रणाली के ग्यारहवें संस्करण का प्रयोग किया जा रहा था। यह दशमलव प्रणाली विश्व की प्रथम वर्गीकरण प्रणाली है जो कि लचीली और आसान होने के कारण पूरे विश्व में फैली हुई थी।

रंगानाथन के वैज्ञानिक मस्तिक ने दशमलव वर्गीकरण प्रणाली में कई त्रुटियां पाईं। यह प्रणाली बीसवीं शताब्दी में हुए ज्ञान के प्रसार के कारण उपयोग करने योग्य न थी, ऐसा रंगनाथन का मानना था। वास्तव में यह प्रणाली ज्ञान के उत्पत्ति एवं उसके ढांचे पर आधारित न होकर, अमेरिकन इसाई, पूंजीवादी विचारधारा एवं पश्चिमी ज्ञान के बढ़ावा देने वाले ढांचे पर आधारित थी। इसमें पूर्वी देशों, धर्मों आदि को नाममात्र का प्रतिनिधित्व दिया गया था। इस कारण यह प्रणाली अमेरिका के बाहर अन्य देशों में लाभदायक सिद्ध नहीं हो पा रही थी। इसमें नये उभरते हुए विषयों को स्थान बनाने की समस्या थी।

इन सभी त्रुटियों को ध्यान में रखते हुए रंगानाथन ने एक प्रणाली स्वयं बनाने का फैसला किया। रंगानाथन ने अपने विचारों से प्रो० सेयर्स को भी अवगत कराया। प्रो० सेयर्स ने इस कार्य के लिए रंगनाथन को प्रोत्साहित किया। इस प्रकार रंगानाथन द्वारा वर्गीकरण ही नहीं बल्कि पुस्तकालय विज्ञान के एक नये अभूतपूर्व अध्याय का शुभारंभ किया गया।

रंगानाथन से पहले और ड्यूवी के बाद और भी कई प्रणालियां आईं जैसे—विस्तारशील वर्गीकरण (1891) सी० ए० कटर (EC), लाइब्रेरी आफ कांग्रेस (1904) (LC) वर्गीकरण, सार्वभौमिक दशमलव वर्गीकरण (1905) (UDC), विषय वर्गीकरण (1906) जे० डी० ब्राउन (SC), वाङमयात्मक वर्गीकरण (1935) ब्लिस (BC)।

ये सारी वर्गीकरण प्रणालियां एक दूसरे से मिलती-जुलती थीं। इन सभी प्रणालियों का तरीका लगभग एक-सा था, लेकिन नाम अलग-अलग थे। सार्वभौमिक दशमलव वर्गीकरण (UDC) कुछ भिन्न अवश्य था। आज पुस्तकालय विज्ञान के विद्वान इन प्रणालियों को परिगणनात्मक वर्गीकरण कहते हैं। इस प्रकार की प्रणाली में हर सम्भव विषय को कई भागों में विभक्त कर विभिन्न श्रेणियों में बांट कर उसकी अनुसूचियां बना लेते हैं। इन श्रेणियों को एक अंक प्रदान कर देते हैं, ये अंक वर्गांक कहलाते हैं। इस प्रकार यह प्रणाली विषय के एक ही दृष्टिकोण को सामने रखकर उसका वर्गीकरण करती है, जबकि इसका बहुमुखी विकास होता है। इस कारण से इसमें कोई न कोई त्रुटि रह ही जाती है। इसके अलावा रंगानाथन ने इसमें सबसे बड़ी त्रुटि यह पाई कि यह प्रणाली कई विषयों के एक वर्गांक अथवा एक विषय के कई वर्गांक देती है, जबकि वर्गीकरण का उद्देश्य यह है कि एक विषय का एक और एकमात्र वर्गांक हो।

रंगानाथन ने उपरोक्त त्रुटियों को ध्यान में रखते हुए वर्गीकरण की ऐसी प्रणाली निर्मित करनी चाही, जिसमें एक ही समय में एक स्थान में कई पक्षों को एक साथ लाया जा सके और ऐसा कोई बहुपक्षीय प्रणाली ही कर सकती है। रंगानाथन को अपने विचारों के अनुरूप कार्य करने में लन्दन की सुप्रसिद्ध दुकान सेफरीज स्टोर के एक खिलौना जो कि विभिन्न दशा में विभिन्न रूप धर लेता था काफी सहायक सिद्ध हुआ। रंगानाथन इस खिलौने के विवरण के अनुसार कार्य कर सर्वप्रथम ज्ञान को मुख्य श्रेणियों में बांटा; इसके पश्चात् हर विषय को उसके हर सम्भव श्रेणियों व पक्षों में विभाजित किया; जिनकी संख्या कई हो सकती है। ये पक्ष मूल विषय से जुड़कर उस विषय के अलग-अलग संयुक्त विषय बना सकते हैं। द्विबिन्दु वर्गीकरण में ज्ञान की छोटी इकाई को एकल (Isolate) कहा गया है। यहीं से यह प्रणाली अन्य रास्तों पर चल पड़ती है।

रंगानाथन की इस प्रणाली को वैश्लेषी संश्लेषणात्मक पद्धति के नाम से जाना जाता है। द्विबिन्दु वर्गीकरण के प्रकाशन के पूर्व रंगनाथन ने अपनी पुस्तक "पुस्तकालय विज्ञान के पांच सूत्र" 1931 में प्रकाशित कर यह सिद्ध कर दिया कि पुस्तकालय विज्ञान वास्तव में एक विज्ञान है। उनके इन सिद्धान्तों ने यह बताया कि आज के प्रगतिशील वैज्ञानिक युग में लचीली एवं बहुपक्षीय वर्गीकरण

प्रणाली ही कार्य कर सकती है। इस प्रकार इस पुस्तक के माध्यम से उन्होंने एक नई वर्गीकरण प्रणाली तैयार करने की घोषणा कर दी। मेलविल ड्यूवी को जब इस बात की जानकारी हुई तो उन्होंने रंगानाथन को इस कार्य में आने वाली कठिनाई एवं परेशानियों से अवगत कराते हुए नई प्रणाली की खोज न करने की सलाह दी और अपनी वर्गीकरण प्रणाली को भारतीय पक्ष से मजबूत करने का सहयोग मांगा। लेकिन रंगानाथन ने 1935 में अपनी द्विविन्दु प्रणाली को दृढ़ संकल्प के साथ विश्व के सामने रखा।

आज जिस कार्य को कई दल मिलकर कर रहे हैं डा० रंगानाथन ने अपना सम्पूर्ण जीवन समर्पित कर उसे अकेले ही पूरा करने का श्रेय प्राप्त किया। इस द्विबिन्दु वर्गीकरण का प्रयोग सर्वप्रथम मद्रास पुस्तकालय में कर उसकी त्रुटियों का, जिसका सम्बन्ध पाठकों से था, अध्ययन कर संशोधित द्वितीय संस्करण 1939 में प्रकाशित किया। इसी प्रकार 1950 में तीसरा संस्करण प्रकाशित हुआ। इन संस्करणों में एकलों की संख्या-वृद्धि के अतिरिक्त विशेष कुछ भी न था। मुख्य वर्ग के पक्षों में कुछ परिवर्तन अवश्य किया गया।

चौथे संस्करण तक रंगनाथन ने यह देखा कि प्रत्येक विषय के विभिन्न पक्ष बाह्य रूप में इन पांच मूल श्रेणियों में ही बटे हुए हैं—

—व्यक्तित्व (Personality)

—पदार्थ (Matter)

—ऊर्जा (Energy)

—स्थान (Space)

—समय (Time)

इन श्रेणियों को अंग्रेजी के शब्दों के प्रथम अक्षर PMEST से जाना जाता है। इस PMEST सूत्र के साथ वर्गीकरण के इतिहास में भारी परिवर्तन आ गया। इस परिवर्तन के साथ 1952 में चौथा संस्करण आया। इन श्रेणियों के लिए रंगनाथन ने चार योजक चिह्न निम्नानुसार दिये—

—व्यक्तित्व के लिए कौमा (,)

—पदार्थ के लिए सेमीकोलन (;)

—ऊर्जा के लिए कोलन (:)

—स्थान और समय के लिए डाट (.)

इन योजक चिन्ह के प्रयोग में आने वाली व्यावहारिक परेशानियों को ध्यान में रखकर 1963 में एक अलग योजक चिह्न उल्टा कौमा (') समय के लिए उपयोग कर योजक चिन्हों की संख्या पांच कर दी गई। इस प्रकार इस प्रणाली की जटिलता को समाप्त कर उसमें लचीलापन लाने का प्रयास किया गया।

सन् 1957 में इसका पांचवां संस्करण प्रकाशित हुआ। रंगानाथन इसे दो

खण्डों में प्रथम सामान्य और द्वितीय अति विशिष्ट में लाना चाह रहे थे, परन्तु समय के अभाव से ऐसा न कर सके। 1957 में इंग्लैंड में हुई अन्तर्राष्ट्रीय संगोष्ठी के पश्चात् 1960 में प्रकाशित छठे संस्करण में काफी संशोधन किया। इस संशोधन की एक परिशिष्ट को छठे संस्करण में 1963 में जोड़ा गया। इसकी मांग को पूरा करने के लिए इस संस्करण (1963) को कई बार मुद्रित किया गया।

द्विबिन्दु प्रणाली के छठे संस्करण के प्रकाशित होने तक समय काफी बदल चुका था। रंगनाथन ने इसके सातवें संस्करण, जो कि 1972 में प्रकाशित होना था, में गहन वर्गीकरण (Depth Classification) की सहायक अनुसूचियों को सम्मिलित करने की घोषणा की। इसके कुछ भाग "Library Science with a Slant to Documentation" नामक पत्रिका में छप चुके हैं। सन् 1972 में रंगनाथन की मृत्यु हो जाने के कारण यह पूरा संस्करण नहीं आ सका। रंगनाथम की मृत्यु के पश्चात् इस विषय में बहुत कम कार्य हुआ। इसका कारण उनके सहयोगियों का इस दशा में उपयुक्त पहल न करना था। किसी तरह इस द्विबिन्दु वर्गीकरण के सातवें संस्करण के प्रथम भाग का प्रकाशन सन् 1987 में हुआ।

यह प्रणाली भारत के लगभग सभी पुस्तकालयों में उपयोग की जाती है। इसके अतिरिक्त ग्रन्थसूची, सूचीपत्र आदि के तैयार करने के लिए इसका प्रयोग किया जाता है। जिसमें भारतीय राष्ट्रीय ग्रंथसूची (Indian National Bibliography) का नाम उल्लेखनीय है।

द्विबिन्दु वर्गीकरण के कई पक्ष जैसे इसकी जांच विधि, तरीके आदि सम्पूर्ण विश्व में फैल चुके हैं। यह वर्गीकरण प्रणाली विश्लेषी संश्लेषणात्मक पद्धति का एक अच्छा उदाहरण बन गई है। इस वर्गीकरण के उदाहरण पर और कई विश्लेषी संश्लेषणात्मक वर्गीकरण प्रणालियां बन गई हैं। अब ऐसी आशा है कि भविष्य में परिगणनात्मक वर्गीकरण न होकर विश्लेषी संश्लेषणात्मक होंगे। इस प्रकार द्विबिन्दु वर्गीकरण जीवित रहकर सम्पूर्ण विश्व में भारतीय विचारधारा को प्रचलित करती रहेगी। द्विबिन्दु वर्गीकरण की खोज जिन त्रुत्रियों को ध्यान में रखकर की गई थी, उन त्रुटियों से परिपूर्ण प्रणालियां भी अब द्विबिन्दु की विधि को अपनाकर अपनी त्रुटियों को दूर कर रही हैं। विश्व की प्रथम वर्गीकरण प्रणाली ड्यूवी दशमलव वर्गीकरण (DDC) स्वयं अपनी त्रुटियों को इसी प्रकार दूर करने का प्रयास कर रही है। वर्गीकरण के क्षेत्र को द्विबिन्दु वर्गीकरण प्रणाली विश्व को एक बड़ी देन है।

3

द्विबिन्दु वर्गीकरण की रूपरेखा एवं आधारभूत नियम

द्विबिन्दु वर्गीकरण एक सर्वव्यापी वर्गीकरण प्रणाली है। यह ज्ञान की बनावट एवं उसकी उत्पत्ति पर आधारित है। ज्ञान क्या है ? इसकी उत्पत्ति एवं विकास किस प्रकार होता है ? समाज पर इसका क्या प्रभाव पड़ता है ? इसका प्रसार किस प्रकार होता है ? इन सभी प्रश्नों के उत्तर प्राप्त करने हेतु रंगानाथन ने गहन अध्ययन किया और यह उनके जीवन के अन्त तक जारी रहा। इस अध्ययन के परिणामस्वरूप उन्होंने अपनी वर्गीकरण प्रणाली को और अधिक विकसित और प्रभावी बनाते रहे। रंगनाथन के इस अध्ययन के कारण अमेरिकी विद्वान स्वर्गीय डीन जैसी हॉक शेरा ने पुस्तकालय विज्ञान को रंगानाथन की यह एक महत्वपूर्ण देन बताया है।

द्विबिन्दु वर्गीकरण प्रणाली प्रत्येक विषय, सभी प्रकार के प्रलेख और विभिन्न प्रकार के पुस्तकालयों में वर्गीकरण के लिए उपयोगी है। द्विबिन्दु वर्गीकरण सम्पूर्ण ज्ञान को एक इकाई मानती है। इसमें तीन प्रकार के विषय दिए गए हैं :

1. मुख्य विषय (Basic Class)
2. संयुक्त विषय (Compound Class)
3. जटिल विषय (Complex Class)

मुख्य विषय तो आधारभूत विषय है। इसी से अन्य विषयों की रचना की गई है। मुख्य वर्गों की संख्या और क्षेत्र समय-समय पर बदलते रहते हैं। छठे संस्करण में मुख्य वर्गों की संख्या 31 दी गई है। इन मुख्य वर्गों का आगे उपविभाजन सम्भव परम्परागत वर्गों (Canonical Classes) में किया गया है। यहां तक सभी प्रणालियां इसी प्रकार वर्गीकरण करती हैं; परन्तु इसके आगे रंगानाथन ने लीक से हट कर मुख्य वर्गों को पांच श्रेणियों में विभाजित किया है।

रंगानाथन ने अपने वर्षों की खोज के बाद बताया कि प्रत्येक विषय पांच श्रेणियों से मिल कर बने हैं। प्रत्येक विषय के विभिन्न पक्षों को देखा जाय तो वे इन्हीं पांच मुख्य श्रेणियों में से कुछ या सभी से बने हुए मालूम होते हैं। इन मुख्य श्रेणियों की संख्या अधिक से अधिक पांच है; परन्तु एक श्रेणी के कई पक्ष हो सकते हैं। इसलिए मुख्य श्रेणियों का विभाजन पक्षों में किया जाता है। एक पक्ष के एकलों के समूह में कम से कम एक समानता अवश्य होती है। ये पक्ष अपनी मुख्य श्रेणी के बराबर या उससे कम हो सकते हैं। किसी मुख्य श्रेणी के पक्ष एक या अधिक स्तरों या आवर्तनों में आने के कारण ऐसा होता है। जैसे मुख्य वर्ग "T—शिक्षा" में व्यक्तित्व मुख्य श्रेणी का एक ही पक्ष विभिन्न प्रकार के छात्र हैं। अतः यहां मुख्य श्रेणी और पक्ष बराबर है। इसके विपरीत "K—प्राणि विज्ञान" में व्यक्तित्व के दो पक्ष हैं। प्रथम पक्ष में प्राणियों के प्रकार या परिवार हैं और द्वितीय पक्ष में उसके शारीरिक अंग या भाग हैं। यहां पर एक पक्ष मुख्य श्रेणी के बराबर नहीं है। क्योंकि यहां श्रेणी दो पहलुओं (पक्षों) से मिलकर बनी है। जिस प्रकार हमारे पूर्वज इस संसार की प्रत्येक वस्तु को आग, पानी, हवा, पृथ्वी औरआकाश इन पांच तत्वों से बना मानते हैं उसी प्रकार रंगानाथन प्रत्येक विषय को पांच श्रेणियों से बना हुआ मानते हैं। इसी प्रकार रसायन विज्ञानी इस संसार की प्रत्येक जीव-निर्जीव वस्तु को पूर्ण 108 मूल तत्वों में से कुछेक तत्वों से बनी हुई मानते हैं।

पंक्ति और श्रृंखलायें (Array and Chains)

जैसा कि पूर्व में ही बता चुके हैं कि श्रेणी का विभाजन पक्षों में किया गया है, और पक्ष एक विशेष दृष्टि से बनाए गए एकलों का समूह है। ये एकल बड़ी सरलता से क्रम में बांटे जाते हैं। इन एकलों के समूह पक्ष के विभिन्न दृष्टि से किये गए विभाजन की देन है। जैसे शिक्षा 'T' मुख्य वर्ग में मुख्य श्रेणी व्यक्तित्व विद्यार्थी के प्रकार से बना है। इसलिए विद्यार्थी मुख्य वर्ग 'शिक्षा' का व्यक्तित्व पक्ष है। इस व्यक्तित्व श्रेणी का इसके अलावा और कोई पक्ष नहीं है। विद्यार्थियों का आगे विभाजन उसके गुणों, श्रेणियों आदि के आधार पर किया गया है। जो कि निम्नानुसार है—

1.	पूर्व माध्यमिक	Pre-secondary
2.	माध्यमिक	Secondary
3.	प्रौढ़	Adult
4.	विश्वविद्यालय	University
5.	लिंग	Sex
6.	असाधारण	Abnormal

7. पिछड़ी श्रेणियां — Backward Classes
8. अन्य श्रेणियां — Other Classes

इन सभी समूहों का स्तर बराबर है। अतः इस क्रम को एक पंक्ति कहा जाता है और एक से आठ (1-8) तक के अंक एक पंक्ति बनाते हैं। समान स्तर रखने वाले अस्तित्वों के समूह को पंक्ति कहते हैं। एक पक्ष के अन्दर पंक्तियों की संख्या उतनी ही हो सकती है जितने गुण और परिवार के दृष्टिकोण से उस पक्ष को बांटा गया है। पक्ष की सदस्य पंक्तियों को आपस में क्रम देना आसान कार्य नहीं है। यह कार्य वर्गाचार्यों का होता है। रंगानाथन ने इस कार्य को वैज्ञानिक एवं आसान तरीके से करने हेतु सहायक अनुक्रम के सिद्धान्त (Principles of Helpful Sqeuence) दिए हैं। यह सिद्धान्त किसी भी स्तर के एकलों या श्रेणियों का स्थान नियत करने में सहायक होता है। रंगानाथन द्वारा खोजे गए ये सिद्धान्त पुस्तकालय वर्गीकरण के सिद्धान्तों का हिस्सा है, और दूसरी अन्य प्रणालियां भी इन सिद्धान्त, नियमों का प्रयोग कर सकती हैं। साथ ही ये नियम किसी अनुक्रम के औचित्य को परखने के लिए कसौटी का कार्य करते हैं।

पंक्ति के अलग-अलग पक्षों को और आगे भी विभाजित किया जा सकता है। आमतौर पर यह विभाजन किसी विचारधारा से बने हुए होते हैं। यह विभाजन उस पक्ष का अलग-अलग भाग होता है। इस विभाजन से प्राप्त एकलों को पदक्रम (Hierarchy) में रखा जाता है। पदक्रम में रखे गए एकल समूह को श्रृंखला (Chain) कहते हैं। D4, D41, D411 एक श्रृंखला बनाते हैं। द्विबिन्दु वर्गीकरण में ज्ञान के सबसे छोटे भाग को एकल (Isolate) कहते हैं। इसलिए द्विबिन्दु वर्गीकरण के अनुसार ज्ञान की सबसे छोटी इकाई एकल है। प्रत्येक श्रेणी या पक्ष इन पंक्तियों एवं श्रृंखलाओं का सुचारू रूप से गुथा हुआ एक समूह है। यह प्रारूप एक मुख्य वर्ग से लेकर एक एकल तक पहुंचने का नक्शा है।

एकल (Isolates)

एकल ज्ञान की छोटी से छोटी अर्थात् सबसे छोटी इकाई है। वर्गीकरण अनुसूची में इसका और आगे उपविभाजन नहीं हो सकता। एक एकल को किसी न किसी मुख्य वर्ग के सन्दर्भ में लेना आवश्यक होता है यदि ऐसा न किया जाय तो उसका वास्तविक अर्थ निकालना सम्भव नहीं होता। जैसे 'गेहूं' एक एकल है, इसे यदि अकेले रखें तो इसके विषय का पता लगाना संभव नहीं है क्योंकि इसके कई पक्ष हो सकते हैं जो निम्नानुसार हैं—

1. गेहूं की खेती (कृषि)
2. गेहूं का विक्रय (व्यापार)

3. गेहूं का आयात (अन्तर्राष्ट्रीय व्यापार)
4. गेहूं की रोटी (गृह विज्ञान)
5. गेहूं की पिसाई (तकनीकी)
6. गेहूं की ढुलाई (यातायात)
7. गेहूं का मूल्य (अर्थशास्त्र)

अतः एकल गेहूं को अपने अस्तित्व को कायम करने के लिए किसी न किसी मुख्य वर्ग का सहारा लेना पड़ेगा। इस प्रकार प्रत्येक को एकल अपने-अपने अस्तित्व के लिए किसी न किसी मुख्य वर्ग का सहारा लेना पड़ता है।

एकल दो प्रकार के होते हैं।

1. सामान्य एकल (Common Isolates)
2. विशिष्ट एकल (Special Isolates)

1. सामान्य एकल (Common Isolates)

सामान्य एकल वे एकल हैं जो किसी भी विषय के साथ जोड़े जा सकते हैं। ये विषय का प्रभाग न होकर प्रलेख के बाह्य स्वरूप या पाठ्य सामग्री के प्रस्तुतीकरण के ढंग से सम्बन्धित होते हैं। जैसे—

कोष (Cyclopaedias)
पत्र-पत्रिकाएं (Periodicals)
इतिहास (History)
खोज (Research) आदि

ये सभी बड़े-से-बड़े एवं छोटे-से-छोटे विषय के प्रस्तुतीकरण की विधि हो सकते हैं। जैसे—

विज्ञान में खोज
रसायन विज्ञान में खोज
रसायनिक तत्वों की खोज
यूरेनियम की खोज

यहां खोज एक सामान्य एकल है।

2. विशिष्ट एकल (Special Isolates)

विशिष्ट एकल वे एकल हैं जो किसी विशिष्ट विषय या मुख्य वर्ग के साथ आते हैं। उस मुख्य वर्ग से बाहर उनके प्रयोग का कोई क्षेत्र नहीं होता। जैसे— 'पुस्तकालय विज्ञान-2' के एकल विद्यालय पुस्तकालय, महाविद्यालय पुस्तकालय, धार्मिक पुस्तकालय आदि मात्र पुस्तकालय विज्ञान के एकल हैं, अन्यत्र इनका प्रयोग नहीं किया जा सकता।

द्विबिन्दु वर्गीकरण का अनुसूची में अधिकांश एकल विशिष्ट एकल हैं। द्विबिन्दु वर्गीकरण के अनुसार ज्ञान जगत के बनावट का रेखाचित्र निम्नानुसार है—

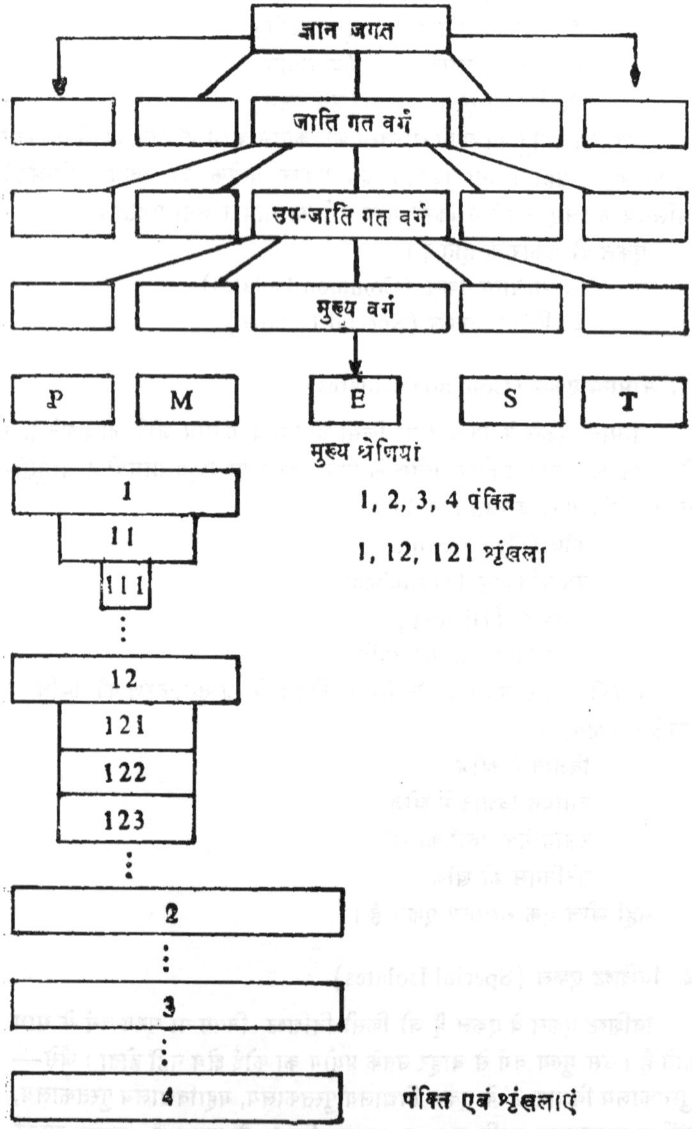

द्विबिन्दु वर्गीकरण की बनावट का रेखाचित्र

विश्लेषण (Analysis)

मुख्य वर्ग (Main Class)

किसी विषय के वर्गीकरण के पूर्व उसके मुख्य वर्ग को पहचानना आवश्यक है। कोई भी विषय बिना मुख्य वर्ग के नहीं होते। रंगानाथन ने अपनी वर्गीकरण प्रणाली में कई मुख्य वर्ग बनाए हैं। किसी भी मुख्य वर्ग की परिभाषा देना कठिन है। इसका सबसे बड़ा कारण यह है कि इसका क्षेत्र समय-समय पर बदलता रहता है। यदि एक विषय आज किसी मुख्य वर्ग का भाग है, तो हो सकता है कि कुछ समय बाद उसका इतना अधिक प्रसार हो जाय कि वह अपने आप एक नया मुख्य वर्ग बन जाय। इसलिए मुख्य वर्गों में समय-समय पर परिवर्तन होता रहता है। इनकी संख्या भी आमतौर पर बढ़ती रहती है। मुख्य वर्गों में अधिकांश मुख्य वर्ग परम्परागत हैं जैसे गणित, भौतिक, रसायन, जीव-विज्ञान, राजनीति-शास्त्र, अर्थशास्त्र आदि। इसी प्रकार कुछ नये मुख्य वर्ग भी सामने आये हैं जैसे पुस्तकालय विज्ञान, पत्रकारिता, पशुपालन आदि। रंगनाथन के अनुसार "ज्ञान जगत के किसी वर्गीकरण योजना के प्रथम श्रृंखला क्रम (First Order of array) में उल्लिखित किसी वर्ग को मुख्य वर्ग कहते हैं। यह परिभाषा मात्र वर्गीकरण-योजना के सन्दर्भ में ही संगत है।" इस परिभाषा के आधार पर मुख्य वर्ग को विचारों का संगठित या क्रमबद्ध आकार माना जा सकता है, जिसका विस्तार एवं उसकी गहनता मिलकर एक साधारण व्यक्ति के रुचि, बौद्धिक योग्यता एवं प्रमाणित विशिष्टीकरण के क्षेत्र में आने के योग्य हो। यह परिभाषा वास्तव में कार्य से नहीं है, जिसके द्वारा मुख्य वर्गों के क्षेत्र को निर्धारित किया जा सके। प्रत्येक वर्गाचार्यों ने अपनी-अपनी वर्गीकरण प्रणाली के लिए प्रत्येक मुख्य वर्ग की सीमायें एवं विषय वस्तु को संख्यात्मक ढंग से एकलों की सूची में व्यवस्थित किया है। इसी कारण से विभिन्न वर्गीकरण प्रणालियों में मुख्य वर्गों की संख्या भिन्न-भिन्न होती है।

मुख्य वर्ग को पहचानने के लिए उसकी परिभाषा उतनी सहायक नहीं होती जितनी कि उसके लिए अपना निजी ज्ञान एवं वर्गीकरण प्रणाली की बनावट है। रंगनाथन का कहना है कि मुख्य वर्ग को पहचानने का कार्य निरंतर अभ्यास और परिश्रम से किया जा सकता है। यहां यह जान लेना आवश्यक है कि एक विषय का एक ही और केवल एकमात्र मुख्य वर्ग होता है। (नियम 12 पृष्ठ 1.42) रंगानाथन ने द्विबिन्दु वर्गीकरण के छठे संस्करण में निम्नलिखित मुख्य वर्ग दिए हैं :

z सामान्य वर्ग (Generalia Class)

1. ज्ञान जगत (Universe of Knowledge)

2. पुस्तकालय विज्ञान (Library Science)
3. ग्रन्थ विज्ञान (Book Science)
4. पत्रकारिता (Journalism)
A प्राकृतिक विज्ञान (Natural Science)
B गणित (Mathematics)
C भौतिक विज्ञान (Physics)
D अभियांत्रिकी (Engineering)
E रसायन विज्ञान (Chemistry)
F तकनीकी (Technology)
G जीव-विज्ञान (Biology)
H भूगर्भशास्त्र (Geology)
HZ खनन विज्ञान (Mining)
I वनस्पति शास्त्र (Botany)
J कृषि (Agriculture)
K प्राणिशास्त्र (Zoology)
KZ पशुपालन (Animal Husbandry)
L चिकित्सा विज्ञान (Medicine)
LZ औषधि विज्ञान (Pharmacology)
M उपयोगी कलायें (Useful Arts)
Δ अध्यात्मिक अनुभूति एवं ब्रह्म विद्या (Mysticism and Spiritual Experience)
N ललित कला (Fine Arts)
NZ साहित्य एवं भाषा (Literature and Language)
O साहित्य (Literature)
P भाषा (Language)
Q धर्म (Religion)
R दर्शन (Philosophy)
S मनोविज्ञान (Psychology)
Σ समाज विज्ञान (Social Science)
T शिक्षा (Education)
U भूगोल (Geography)
V इतिहास (History)
W राजनीतिशास्त्र (Political Science)
X अर्थशास्त्र (Economics)

Y समाजशास्त्र (Sociology)
Z विधि (Law)

प्रामाणिक उपवर्ग (Canonical Classes)

कुछ मुख्य वर्गों को सीधे उसकी मुख्य श्रेणियों में विभाजित करने के बजाय रंगनाथन ने उनके कुछ परम्परागत उपवर्गों में विभाजित किया है। जैसे—गणित का पहला विभाजन उसके प्रचलित उपवर्गों में किया गया है, जो इस प्रकार है—

B गणित (Mathematics)
B1 अंक गणित (Arithmatics)
B2 बीजगणित (Algebra)
B3 विश्लेषण (Analysis)
B4 अन्य विधियां (Other methods) आदि

इसी प्रकार ललित कला (Fine Arts) में भी निम्नलिखित प्रचलित उपवर्ग हैं—

N ललित कलायें (Fine Arts)
NA भवन निर्माण (Architecture)
NB शहरी योजना (Town Planning)
NC प्लास्टिक कला (Plastic Art)
ND मूर्तिकला (Sculpture) आदि

इसी प्रकार अन्य विषयों में प्रामाणिक उपवर्ग दिए गए हैं। ये प्रामाणिक विभाजन परम्परागत रूप से हैं, इसलिए रंगानाथन ने भी इसे उसी रूप में विभाजित किया है।

मूलभूत श्रेणियां (Fundamental Categories)

उपर्युक्त प्रामाणिक उपवर्गों में विभाजन करने के पश्चात् रंगनाथन ने प्रत्येक विषय को मूलभूत श्रेणियों में विभाजित किया है। इन श्रेणियों की संख्या पांच है, जो घटती जटिलता के आधार पर निम्न हैं—

व्यक्तित्व (Personality)
पदार्थ (Matter)
ऊर्जा (Energy)
स्थान (Space)
समय (Time)

इसे अंग्रेजी में संक्षिप्त रूप से PMEST कहा जाता है। हिन्दी में इसका

संक्षिप्त रूप व्यपऊस्थास एक निरर्थक शब्द है। इन श्रेणियों में व्यक्तित्व सबसे महत्वपूर्ण है और इसे पहचानना सबसे कठिन है, इसके विपरीत समय सबसे कम महत्वपूर्ण है, परन्तु पहचानना सबसे आसान है। उचित वर्गीकरण के लिए इन मूल श्रेणियों को पहचानना बहुत आवश्यक है। किसी विषय में समय तथा स्थान को ढूंढ़ना बहुत आसान है। इसलिए पहचान का कार्य हर दशा में समय श्रेणी से प्रारंभ करते हैं और स्थान, ऊर्जा, पदार्थ एवं व्यक्तित्व श्रेणी को क्रम से ढूंढ़ते हैं। स्थान और समय भले ही दो श्रेणियां हैं, परन्तु सभी विषयों में इनका स्वरूप एक जैसा रहता है। विभिन्न विषयों में इनके नाम भी नहीं बदलते, इसलिए इनको संयुक्त श्रेणी भी कहा जाता है। अलग-अलग इन श्रेणियों के लक्षण इस प्रकार हैं—

समय या काल (Time)

किसी विषय में जब किसी काल, वर्ष, दिनांक, दिन-रात, मौसम आदि का समावेश हो वही समय है। समय स्वयं प्रत्यक्ष है जैसा कि निम्नलिखित उदाहरण से पता चलता है।

—पाषाण काल का मानव

—मध्ययुग का भारत

—बीसवीं सदी का यूरोप

—1980 के भारतीय चुनाव

—सुबह के समय का तापमान

—सर्दियों में सायंकाल की सैर

उपर्युक्त उदाहरणों में पाषाण काल, मध्ययुग, बीसवीं सदी, 1980, सुबह का समय, सर्दियां एवं सायंकाल ये सभी काल या समय श्रेणी को दर्शाते हैं। इसकी पहचान आसान लगती है। समय श्रेणी का योजक चिन्ह उल्टा कोमा (') है।

स्थान (Space)

समय ढूंढने के पश्चात् स्थान श्रेणी को ढूंढा जाता है। यह भी स्वयं प्रत्यक्ष श्रेणी है। भौगोलिक इकाई, भौतिक, राजनैतिक बस्ती, समूह आदि स्थान को दर्शाते हैं। स्थान श्रेणी की पहचान करना समय श्रेणी की अपेक्षा कठिन है, परन्तु ऊर्जा श्रेणी से सरल है। स्थान श्रेणी का योजक चिन्ह बिन्दु (डाट) (.) है। उदाहरण के लिए—

—भारत के रीति-रिवाज

—पंजाब की सभ्यता

—ग्वालियर का मेला
—एशिया में गरीबी की दर
—इंग्लैंड में बसे भारतीय लोग
—पहाड़ों की सैर
—हिन्दी भाषी प्रान्तों की शिक्षा

उपर्युक्त विषयों में क्रमानुसार भारत, पंजाब, ग्वालियर, एशिया, इंग्लैंड, पहाड़, हिन्दी भाषी प्रान्त स्थान श्रेणी को बतलाते हैं।

ऊर्जा (Energy)

किसी कार्य का होना, क्रिया, समस्याएं, समाधान, मानसिक या भौतिक क्रियाकलाप आदि ऊर्जा श्रेणी को प्रदर्शित करती हैं। किसी कार्य का होना या करना ही इस श्रेणी की सबसे बड़ी पहचान है। ऊर्जा-श्रेणी पहचानने की दृष्टि से मध्य में है। इस श्रेणी की पहचान करना जितना सरल है उतना ही कठिन भी है। इसका योजक चिन्ह द्विबिन्दु (:) है। निम्नलिखित विषय को देखिये—

—पुस्तक वर्गीकरण
—गर्मी का संचालन
—घोल तैयार करना
—जानवरों की बीमारियाँ
—शब्द-उच्चारण
—हिन्दुओं की अर्चना
—बच्चों में क्रोध
—शैक्षणिक प्रबन्ध
—मजदूरों की हड़ताल
—हिन्दुओं में सामाजिक कुरीतियां

उपर्युक्त विषयों में क्रमानुसार वर्गीकरण, संचालन, घोल तैयार करना, बीमारी, उच्चारण, अर्चना, क्रोध, प्रबंध, हड़ताल एवं सामाजिक कुरीतियां ये सभी ऊर्जा श्रेणी से सम्बन्धित हैं। ऊर्जा श्रेणी किसी विषय का महत्वपूर्ण अंग है। इस श्रेणी का महत्व इसी से प्रकट होता है कि इसके योजक चिन्ह द्विबिन्दु (Colon) (:) से इस वर्गीकरण प्रणाली का नाम रखा गया है।

पदार्थ (Matter)

जब कोई एकल कर्ता न होकर कर्म या माध्यम का कार्य करता है तो वह पदार्थ श्रेणी को दर्शाता है। इसका योजक चिन्ह सेमी/(अर्ध) कोलन (;) है।

—सोने के सिक्के
—हाथी के दांत पर चित्रकारी
—शोध पुस्तकालयों में हस्तलिखित पुस्तकों का वर्गीकरण

उपर्युक्त विषयों में सोना, हाथी का दांत, हस्तलिखित पुस्तकें आदि एक माध्यम है, इसलिए ये पदार्थ श्रेणी से सम्बन्धित हैं। द्विबिन्दु वर्गीकरण के छठे संस्करण तक इस श्रेणी की उपस्थिति बहुत कम है। ये अधिकांशत: 2-पुस्तकालय विज्ञान, G—जीवविज्ञान, N—ललित कलाएं, X—अर्थशास्त्र में ही देखने को मिलते हैं। इसके निष्क्रिय लक्षण से इस श्रेणी की पहचान आसान हो जाती है। इस श्रेणी की जटिलता व्यक्तित्व श्रेणी को छोड़कर अन्य सभी से अधिक हैं।

व्यक्तित्व (Personality)

किसी मनुष्य के व्यक्तित्व की तरह ही किसी विषय के व्यक्तित्व को परिभाषित करना कठिन है। व्यक्तित्व श्रेणी प्रत्येक विषय का अति आवश्यक एवं सर्वव्यापी पक्ष है। द्विबिन्दु वर्गीकरण में कोई भी विषय इस श्रेणी के बिना नहीं है। व्यक्तित्व श्रेणी ही विषय को एक रूप और एक पहचान देता है। जैसा कि पूर्व से बतलाते आ रहे हैं कि यह सबसे जटिल श्रेणी है। इसकी पहचान करना और इसकी परम्परागत परिभाषा देना अत्यधिक कठिन है। इसलिए रंगनाथन ने इसकी पहचान के लिए एक आसान तरीका दिया है, जिसे अवशेष (Residual) तरीका कहते हैं। इस विधि के अनुसार यदि किसी विषय में एक के बाद एक समय, स्थान, ऊर्जा और पदार्थ श्रेणियों को अलग करने के पश्चात् शेष बची श्रेणी या अपहचानी श्रेणी तर्कानुसार व्यक्तित्व श्रेणी ही होगी। इस प्रकार प्रत्येक विषय में उपस्थित उसकी पांचों श्रेणियों का विश्लेषण किया जाता है। वर्गकार अपने बढ़ते हुए अनुभव के साथ ही इन श्रेणियों की पहचान अधिक सरलता से कर सकता है।

आवर्तन एवं स्तर (Rounds and Levels)

विषय विश्लेषण का कार्य श्रेणियों के पहचान के पश्चात् समाप्त नहीं हो जाता। कई बार एक श्रेणी एक ही विषय में एक से अधिक बार आ जाती है और किसी विषय में एक या बहुत सारी श्रेणियां अनुपस्थित भी हो सकती हैं। किसी श्रेणी के एक से अधिक बार आने के घटना-क्रम को रंगानाथन ने "आवर्तन एवं स्तर सिद्धान्त" (Rounds and Levels Principle) से सुलझाया है।

आवर्तन (Round)

जब किसी विषय में कोई श्रेणी एक से अधिक बार आती दिखाई देती है, तो वास्तव में उस श्रेणी के दो या अधिक पक्ष हो जाते हैं। पूर्व धारणा के अनुसार जब ऊर्जा मुख्य श्रेणी किसी पक्ष सूत्र (Facet Formula) में आ जाती है तो उसके साथ पक्षों का प्रथम दौर समाप्त हो जाता है। इस प्रथम दौर के बाद व्यक्तित्व एवं पदार्थ का दूसरा दौर प्रारम्भ होता है जो दूसरे दौर की ऊर्जा श्रेणी के बाद समाप्त हो जाता है। यदि देखा जाय तो इन पक्षों के अनगिनत दौर हो सकते हैं। स्थान और समय मुख्य श्रेणी इस प्रकार के दौर में शामिल नहीं होते; इन्हीं दौरों को रंगानाथन ने आवर्तन (Round) की संज्ञा दी है। किसी श्रेणी के दौर को दर्शाने के लिए उसके चिन्ह के पहले उस दौर का नम्बर दे दिया जाता है। जैसे—

[1P] प्रथम दौर का व्यक्तित्व
[2M] दूसरे दौर का पदार्थ
[2E] दूसरे दौर की ऊर्जा
[3P] तीसरे दौर का व्यक्तित्व

इनके योजक चिन्ह पूर्व बताये अनुसार ही रहते हैं।

"मानवीय बीमारियों का इलाज" इस विषय का मुख्य वर्ग L—चिकित्सा शास्त्र है तथा "बीमारी" एवं "इलाज" ये दोनों एकल ऊर्जा श्रेणी की अभिव्यक्ति हैं। जहां 'बीमारी' प्रथम दौर (आवर्तन) की ऊर्जा है वहीं 'इलाज' दूसरे दौर (आवर्तन) की ऊर्जा है। इसे पक्ष (पहलू) सूत्र (Facet formula) में निम्नानुसार लिखेंगे।

[चिकित्सा शास्त्र] : [बीमारी] : [इलाज]

जब तक प्रथम आवर्तन पूरा नहीं हो जाता तब तक दूसरा आवर्तन नहीं आ सकता। उपर्युक्त उदाहरण में "इलाज" तभी सम्भव है जब "बीमारी" हो; अतः "बीमारी" प्रथम आवर्तन में स्वयं आ जायेगी।

स्तर (Level)

एक आवर्तन में किसी भी श्रेणी के एक से अधिक पक्ष हो सकते हैं, और वे सभी एक समान स्तर के होंगे। जैसे "साहित्य" मुख्य वर्ग में व्यक्तित्व श्रेणी के प्रथम दौर में चार पक्ष हैं, ये पक्ष भाषा, स्वरूप, लेखक और उसकी रचना हैं। इसी तरह प्रत्येक आवर्तन में प्रत्येक श्रेणी के कई स्तर हो सकते हैं। इस स्तर को उस श्रेणी के अंक चिन्ह के आगे स्तर अंक देकर दर्शाया जाता है।

जैसे—

[P1] प्रथम आवर्तन में प्रथम स्तर का व्यक्तित्व
[P2] प्रथम आवर्तन में द्वितीय स्तर का व्यक्तित्व
[P3] प्रथम आवर्तन में तृतीय स्तर का व्यक्तित्व
[1M2] प्रथम आवर्तन में दूसरे स्तर का पदार्थ
[2M2] दूसरे आवर्तन में दूसरे स्तर का पदार्थ
[3P1] तीसरे आवर्तन में पहले स्तर का व्यक्तित्व

"पक्षियों के फेफड़े" विषय का मुख्य वर्ग K—प्राणि विज्ञान है, इसमें "पक्षी" एवं "फेफड़े" दोनों ही व्यक्तित्व श्रेणी की अभिव्यक्ति हैं। इसमें "पक्षी" पहले दौर में पहले स्तर का व्यक्तित्व है, तो "फेफड़े" पहले दौर में दूसरे स्तर का व्यक्तित्व है। इसे पक्ष सूत्र में निम्नानुसार लिखेंगे—

[प्राणिविज्ञान], [पक्षी], [फेफड़ा]

यहां यह बात ध्यान देने योग्य है कि प्रत्येक आवर्तन ऊर्जा श्रेणी से प्रारम्भ होता है; अतः ऊर्जा श्रेणी में कोई स्तर नहीं पाया जाता। ऊर्जा श्रेणी में केवल आवर्तन होता है। इसी प्रकार समय और स्थान में आवर्तन नहीं होता; परन्तु इन दोनों में स्तर पाया जाता है।

[S1] पहले स्तर का स्थान
[S2] दूसरे स्तर का स्थान
[T1] पहले स्तर का समय
[T2] दूसरे स्तर का समय

इस प्रकार स्तर एवं आवर्तनों को मिलाकर जो एक महासूत्र तैयार होता है वह निम्नानुसार है—

[मुख्य वर्ग] [P1], [P2],]P3], [P4]; [M] : [E] [2P], [2P2]; [2M] : [2E] [3P]. [S1]. [S2]' [T1]' [T2]

द्विबिन्दु वर्गीकरण में यह बड़ा से बड़ा सूत्र है। सैद्धान्तिक रूप में इन आवर्तनों एवं स्तरों की संख्या किसी भी सीमा तक हो सकती है।

संश्लेषण (Synthesis)

पक्ष विश्लेषण एक बौद्धिक कार्य है और सही वर्गीकरण के लिए आवश्यक है कि पक्ष विश्लेषण सही ढंग से किया जाय। पक्ष विश्लेषण का कार्य समाप्त होने के पश्चात् वर्गीकरण में आधे से ज्यादा कार्य समाप्त हो जाता है। संश्लेषणात्मक पक्ष को एक निर्धारित क्रम में रखकर संश्लेषित किया जाता है। सर्वप्रथम विश्लेषित पक्षों के एकलों को उसके एकल अंकों में परिवर्तित किया जाता है। इसके पश्चात प्रत्येक पक्ष के लिए उसके योजक चिन्ह का प्रयोग कर

एकल अंकों को जोड़कर वर्गांक तैयार कर लिया जाता है। इस बात का ध्यान रखा जाता है कि मुख्य वर्ग के तुरन्त पश्चात यदि प्रथम आवर्तन में प्रथम स्तर का व्यक्तित्व आ रहा है तो व्यक्तित्व के योजक चिन्ह् कामा (,) का प्रयोग नहीं किया जाता। (नियम 05503) उदाहरणार्थ—

गेहूं की खेती J 382

उपर्युक्त उदाहरण में गेहूं का एकल अंक '382' है, जो प्रथम आवर्तन में प्रथम स्तर का व्यक्तित्व है, और मुख्य वर्ग J-कृषि विज्ञान है। J-कृषि विज्ञान के बाद गेहूं-382 आ रहा है अतः उन दोनों के बीच योजक चिन्ह् का प्रयोग नहीं किया गया है।

अनुपस्थित पक्ष (Absent Facet)

प्रत्येक विषय में मुख्य वर्ग की सभी श्रेणियां और उसके पक्ष उपस्थित हों। किसी विषय में पांच की पांचों मूल श्रेणियां उपस्थित हों ऐसा कम ही होता है। किसी विषय में केवल एक श्रेणी, किसी में दो और किसी में सभी तथा किसी में एक भी श्रेणी न हो ऐसा भी सम्भव हो सकता है। जैसे—

"बाल मनोविज्ञान"

उपर्युक्त विषय में मात्र व्यक्तित्व श्रेणी उपस्थित है; शेष पदार्थ, ऊर्जा, स्थान और समय श्रेणियां अनुपस्थित हैं। इसी प्रकार—

"क्रोध : एक मनोवैज्ञानिक अध्ययन"

इस विषय में पदार्थ, स्थान, समय एवं व्यक्तित्व श्रेणियाँ अनुपस्थित है, मात्र ऊर्जा श्रेणी उपस्थित है। विषय के अन्दर जो श्रेणी अनुपस्थित होती है उसे योजक चिन्ह् के साथ पक्ष सूत्र से हटा दिया जाता है। इस प्रकार उपर्यक्त दोनों उदाहरणों का वर्गांक निम्नानुसार होगा—

बाल मनोविज्ञान S1

क्रोध : एक मनोवैज्ञानिक अध्ययन S : 524

व्यापक परन्तु अनुपस्थित पक्ष (Comprehensive but Absent Facet)

जब कोई पक्ष किसी एक एकल पर केन्द्रित न होकर उस पक्ष के पूरे एकल समूह में फैला हुआ, छाया हुआ या बिखरा हुआ हो तो उसे व्यापक पक्ष कहते हैं। इसके लिए कोई एकल अंक जोड़ा नहीं जाता। जैसे—

"पुस्तकालयों में वर्गीकरण"

इस विषय का जब हम विश्लेषण करते हैं तो इसमें वर्गीकरण ऊर्जा पक्ष और पुस्तकालय विज्ञान मुख्य वर्ग को प्रकट करता है। परन्तु इसमें व्यक्तित्व पहलू किसी खास पक्ष को नहीं दर्शाता; बल्कि सभी प्रकार के पुस्तकालयों को दर्शाता

है; इसलिए इसे व्यापक पक्ष कहते हैं, और यह पक्ष अनुपस्थित माना जाता है। इसलिए उपर्युक्त विषय को विश्लेषित कर निम्नानुसार दर्शाते हैं—

[पुस्तकालय विज्ञान] : [वर्गीकरण]

इसी प्रकार L-चिकित्साशास्त्र में व्यक्तित्व पक्ष मनुष्य के शरीर के विभिन्न अंग हैं। यदि किसी विशेष अंग को न लेकर समूचे मानव शरीर को लिया जाय तो व्यक्तित्व पक्ष व्यापक होगा। जैसे—

"मानव शरीर की रचना"

इसमें "रचना" किसी शारीरिक अंग पर केन्द्रित न होकर सम्पूर्ण अंग पर है। अतः यहां भी व्यक्तित्व पहलू व्यापक है। साधारणतया यदि व्यक्तित्व पक्ष अनुपस्थित हो तो उसे व्यापक मानना चाहिए।

अनुपस्थित एवं अन्तर्निहित पक्ष (Absent and Latent Facet)

कभी-कभी किसी विषय को विश्लेषित करते समय ऐसा प्रतीत होता है कि उस विषय में किसी श्रेणी का एक ही पहलू है। लेकिन यह पहलू या पक्ष अपने आप में अधूरा रहता है। इसका कारण यह होता है कि उसमें एक और पक्ष उसके अन्दर छुपा हुआ होता है। ऐसे पक्ष को अनुपस्थित एवं अन्तर्निहित पक्ष कहते हैं। जैसे—

"मनुष्य को आंखों की चिकित्सा"

इस उदाहरण में "चिकित्सा" दूसरे आवर्तन की ऊर्जा है। लेकिन "चिकित्सा" तो तब की जायेगी जब कोई ""रोग" हो। उपर्युक्त उदाहरण में "रोग" पक्ष अन्तर्निहित है। सही वर्गांक बनाने के लिए इसकी पूर्ति आवश्यक है। उपर्युक्त विषय का विश्लेषण के पश्चात निम्नानुसार पक्षों में व्यवस्थापन होगा—

[चिकित्सा शास्त्र] [आँख] : [बीमारी या रोग] : [चिकित्सा]

इसी प्रकार "आलुओं का भण्डारण" किसी फसल का भण्डारण तभी होना सम्भव है जब उसकी "कटाई" हो जायेगी। अतः उदाहरण में "कटाई" पक्ष, जो कि पहले आवर्तन की ऊर्जा है, की पूर्ति करना आवश्यक है। इस प्रकार इस विषय में "कटाई" अन्तर्निहित पक्ष है। इसका विश्लेषण निम्नानुसार है—

[कृषि विज्ञान] [आलू] : [कटाई] : [भण्डारण]

इसी प्रकार बहुत से ऐसे उदाहरण देखने को मिलते हैं, जिसमें एक पक्ष दूसरे पक्ष में अन्तर्निहित होता है।

वर्गीकरण के चरण (Steps for Practical Classification)

वर्गांक विषय को कृत्रिम भाषा में दिया गया संकेत है। पुस्तकों के क्रम को

यांत्रिक रूप प्रदान करने के लिए यह संकेतन आवश्यक होता है। एक प्रलेख के विषय और उसके शीर्षक को आवश्यक और उपयुक्त अंक प्रदान करने के लिए रंगनाथन ने एक विधि दी है। यह विधि एक-एक स्तर पर रुककर शीर्षक को कृत्रिम भाषा में परिवर्तित करने में मदद करती है। इसके कई चरण हैं। इस विधि से वर्गीकरण आसान ही नहीं वैज्ञानिक हो गया है। यह विधि त्रुटिविहीन वर्गीकरण में काफी सहायक है। इस विधि के प्रयोग से वर्गीकरण करने में देर अवश्य होती है; लेकिन एक नए वर्गकार को वर्गीकरण प्रक्रिया सीखने में काफी सहायक है।

वर्गीकरण के नौ चरण (Nine steps of classification)

किसी विषय शीर्षक को वर्गांक प्रदान करने लिए रंगानाथन ने जो चरण दिए हैं, वे विवरण के साथ निम्नांकित हैं—

चरण 0 : मूल शीर्षक—यहां पुस्तक के शीर्षक को ज्यों का त्यों दिया जाता है। जैसे एक पुस्तक जिसका शीर्षक "पक्षियों का प्रव्रजन" है को ज्यों का त्यों लिया जाएगा।

चरण 1 : पूर्ण शीर्षक—उपर्युक्त शीर्षक में कुछ शब्द अन्तर्निहित होते हैं, उसकी पूर्ति मुख्य वर्ग के शब्द के साथ इस चरण में करते हैं। जैसे—

"प्राणि विज्ञान, पक्षियों का प्रव्रजन"

चरण 2 : बीज शीर्षक—इस चरण में उपर्युक्त चरण से प्राप्त शीर्षक में अतिरिक्त या सहायक शब्द निकाल दिये जाते हैं। जैसे प्राणि विज्ञान, पक्षी, प्रव्रजन।

चरण 3 : विश्लेषित शीर्षक—इस चरण में बीज शीर्षक के शब्दों को मूल-श्रेणियों में विश्लेषित करते हैं। जैसे—

प्राणि विज्ञान (मुख्य विषय), पक्षी (व्यक्तित्व), प्रव्रजन (ऊर्जा)

चरण 4 : रूपान्तरित शीर्षक—इस चरण में विश्लेषित शीर्षक को पक्ष (पहलू) सूत्र में व्यवस्थित करते हैं। जैसे—

प्राणि विज्ञान [मुख्य वर्ग] पक्षी [व्यक्तित्व] प्रव्रजन [ऊर्जा]

चरण 5 : प्रमाणिक शब्दों में शीर्षक—इस चरण में बीज शीर्षक में उपयोग किए गए शब्दों को आवश्यकतानुसार अनुसूची में दिए गए प्रामाणिक शब्दों में बदलना पड़ता है। यह कार्य उसी समय सम्भव है जब बीज शब्द और प्रामाणिक शब्दों में अन्तर हो। उपर्युक्त उदाहरण

में पक्षी शब्द के लिए "Birds" शब्द के स्थान पर "Aves" का प्रयोग अनुसूची में किया गया है अतः शब्दों के प्रमाणीकरण करते समय "Birds" के स्थान पर "Aves" का प्रयोग किया जायेगा। यहां यह ध्यान देने योग्य बात है कि अनुसूची अंग्रेजी भाषा में है अतः हिन्दीभाषी के लिए यह चरण महत्वहीन है। उपर्युक्त शीर्षक हिन्दी में ज्यों का त्यों रहेगा।।

चरण 6 : शीर्षक अंकों में—इस चरण में शब्दों को हटाकर उसके स्थान पर एकल अंक दिए जाते हैं। जैसे—

K [मुख्य वर्ग] 96 [व्यक्तित्व] 58 [ऊर्जा]

चरण 7 : शीर्षक संकेतों में—इस चरण में प्रत्येक पक्ष के योजक चिन्हों का प्रयोग कर वर्गांक बना लिया जाता है। जैसे—

K96 : 58

चरण 8 : अंक प्रति अंक व्याख्या—इस अन्तिम चरण में उपर्युक्त वर्गांक का पुनः ज्ञात भाषा में अनुवाद करते हैं जिससे उसके शुद्धता की जांच हो सके। जैसे—

K प्राणि विज्ञान [मुख्य वर्ग]
96 पक्षी [व्यक्तित्व]
58 प्रव्रजन [ऊर्जा]

इस प्रकार उदाहरण में लिए शीर्षक का वर्गांक सही है।

यहां यह स्पष्ट कर देना आवश्यक है कि यह विधि विद्यार्थियों को वर्गीकरण कार्य प्रारम्भ करने में सहायक सिद्ध हो सकती है, लेकिन हर समय इसका उपयोग आवश्यक नहीं है। थोड़े से अभ्यास के पश्चात विद्यार्थी स्वयं मानसिक रूप से इन चरणों को तय कर वर्गीकरण सरलता से कर लेता है। इन चरणों को रंगानाथन ने तीन धरातल, चरण० से 4 तक विचार (Idea plane), चरण 5 शाब्दिक (Verbal plane) तथा 6 एवं 7 अंकन धरातल (Notational plane) में विभक्त किया है।

4

युक्तियां
(DEVICES)

द्विबिन्दु वर्गीकरग में सामान्यतया एकलों को सूचीकृत करके उनके अंक दे दिये गए हैं। परन्तु कुछ ऐसे भी एकल हैं जिन्हें न तो सूचीकृत किया गया है और ना ही उन्हें कोई अंक प्रदान किया गया है। ऐसे एकलों को अंक प्रदान करने के लिए रंगनाथन ने कुछ युक्तियां या विधि दी हैं। परिगणनात्मक पद्धति में ऐसे विषय या विषय पक्षों का वर्गांक देना कठिन है, जिन्हें वर्गीकरण प्रणाली में सूचीकृत नहीं किया है। सामान्यतया इन प्रणालियों में नये विषयों या उप-विषयों को उसके सहयोगी विषय के साथ रखकर वर्गीकरण प्रणाली के नये संस्करण का इन्तजार किया जाता है। परन्तु द्विबिन्दु वर्गीकरण प्रणाली ने युक्तियों का प्रयोग कर नये विषय या एकल का अंक प्रदान कर दिया जाता है; नये संस्करण की प्रतीक्षा नहीं करते। इन युक्तियों के प्रयोग के कारण ही द्विबिन्दु वर्गीकरण प्रणाली की शक्ति बहुत लचीली एवं गत्यात्मक है और यह प्रणाली दूसरी प्रणालियों से भिन्न है। इन्हीं कारणों से रंगनाथन ने अपनी प्रणाली को स्वचलित प्रणाली कहा है। इन युक्तियों के कारण वर्गकार (Classifier) को काफी हद तक स्वायत्तता मिल जाती है एवं नया संस्करण न भी आये तो भी वर्गीकरण का कार्य चलता रहता है।

द्विबिन्दु वर्गीकरण में निम्नलिखित युक्तियों का प्रयोग किया जाता है—

1. भौगोलिक युक्ति (Geographical Device)
2. काल या समय युक्ति (Chronological Device)
3. विषय युक्ति (Subject Device)
4. अध्यारोपण विधि (Superimposition Device)
5. वर्णक्रम युक्ति (Alphabetical Device)
6. स्मृति सहायक युक्ति (Mnemonics Device)

इनका विवरण निम्नानुसार है—

1. भौगोलिक युक्ति (Geographical Device)

जब भौगोलिक पक्ष (Geographical facet or space facet) का उपयोग भौगोलिक पक्ष के रूप में न किया जाकर व्यक्तित्व पक्ष के रूप में किया जाय तो उसे भौगोलिक युक्ति कहते हैं। यह युक्ति किसी व्यक्तित्व पक्ष को नये सिरे से बनाने या स्पष्ट करने के लिए उपयोग की जाती है या एक भौगोलिक पक्ष व्यक्तित्व पक्ष का रूप लेकर व्यक्तित्व पक्ष का पद सम्भाल लेता है। जैसे 'V' इतिहास मुख्य वर्ग में प्रथम व्यक्तित्व पक्ष सदैव स्थान होता है और इसे भौगोलिक युक्ति द्वारा भौगोलिक अनुसूची में दिये गये एकलों में से लिया जाता है।

"भारत का इतिहास" विषय का वर्गांक V44 है न कि V.44। यहां भारत का एकल अंक "44" भौगोलिक अनुसूची से लेकर व्यक्तित्व पक्ष में उपयोग किया गया है।

इसी प्रकार "Z" विधि (Law) में प्रथम व्यक्तित्व पक्ष भी भौगोलिक युक्ति द्वारा भौगोलिक अनुसूची से लिया जाता है। जैसे—

भारतीय विधि Z44

अन्तर्राष्ट्रीय विधि Z1

यहां "44" एवं "1" क्रमानुसार भौगोलिक अनुसूची से लिए गए एकल अंक हैं।

इसी प्रकार R8 अन्य राष्ट्रों के दर्शन-शास्त्र को आगे भौगोलिक युक्ति द्वारा विभाजित किया जाता है।

ब्रतानिक दर्शन (British Philosophy) R856

यहां "56" ब्रतानिक (British) का भौगोलिक अनुसूची में दिया गया एकल अंक है। इसी प्रकार—

अमरीकी दर्शन R873

पाकिस्तानी दर्शन R844Q7

यहां R8 के पश्चात् सभी एकल अंक भौगोलिक अनुसूची में दिये गये एकल अंकों से लिये गये हैं।

द्विबिन्दु वर्गीकरण में जहां-जहां कोई एकल भौगोलिक युक्ति द्वारा लिया जाना है वहां-वहां निर्देश दिए गए हैं। इस कारण से इसके उपयोग करने में कोई परेशानी नहीं होती।

2. काल युक्ति (Chronological Device)

द्विबिन्दु वर्गीकरण में भौगोलिक युक्ति के समान इस युक्ति का भी काफी प्रयोग किया गया है। जब व्यक्तित्व पक्ष के लिए समय या काल का प्रयोग किया जाता है तो उसे काल युक्ति कहते हैं। यह किसी व्यक्तित्व पक्ष को और आगे

स्पष्ट करने के लिए उपयोग किया जाता है। जैसे—

"NA" भवन निर्माण कला मुख्य वर्ग में दूसरे स्तर का व्यक्तित्व पक्ष काल युक्ति द्वारा बनाया जाता है। उदाहरण के लिए—

मुगलकालीन भवन निर्माण कला NA44,J

यहां '44' प्रथम स्तर का व्यक्तित्व पक्ष है, जो भौगोलिक युक्ति द्वारा लिया गया है और दूसरे स्तर का व्यक्तित्व पक्ष काल युक्ति द्वारा लिया गया है। मुगल काल का समय सोलहवीं शताब्दी है जो समय अनुसूची 'J' द्वारा अंकित किया गया है। इसी प्रकार पूरे ललित कला 'N' मुख्य वर्ग में दूसरे स्तर के व्यक्तित्व के लिए काल युक्ति का उपयोग किया गया है।

इसी प्रकार 'O' साहित्य मुख्य वर्ग में तीसरे स्तर का व्यक्तित्व पक्ष (लेखक पक्ष) काल युक्ति द्वारा लिया जाता है। जैसे—

तुलसीदास O152, 1J34

यहां तीसरे स्तर का व्यक्तित्व पक्ष "J34" लेखक के जन्म वर्ष (1534) से बनाया गया है। इस एकल को अंको में बदलने के लिए काल युक्ति का प्रयोग किया गया है।

इतिहास 'V' मुख्य वर्ग में भी विभिन्न राजनैतिक पार्टियों, जो कि दूसरे स्तर के व्यक्ति पक्ष में '4' एकल अंक में आती है, को उसके उदित होने या बनने के वर्ष अंक द्वारा अलग की जाती है। जैसे—

V44,4 भारतीय राजनैतिक दल
V44, 4M85 भारतीय राष्ट्रीय कांग्रेस
(1885 में स्थापित)
V44, 4N77 भारतीय जनता दल
(1977 में स्थापित)
V44, 4N80 भारतीय जनता पार्टी
(1980 में बनी)

इस प्रकार प्रत्येक राजनीतिक दल को उसके जन्म वर्ष से काल युक्ति द्वारा वर्गांक दिया जाता है।

किसी विषय में प्रचलित प्रणालियों (System) को भी काल युक्ति द्वारा विभाजित किया जाता है। ये प्रणालियां चाहे सम्पूर्ण विषय के लिए हों या विषय के किसी भाग के लिए हों। जैसे 'L' चिकित्सा शास्त्र में उपयोग की गई प्रणाली जैसे आयुर्वेद आदि को अंकित करने के लिए इस काल युक्ति का प्रयोग किया गया है।

इसी प्रकार पुस्तक वर्गीकरण के लिए प्रचलित प्रणालियों के लिए भी काल युक्ति का प्रयोग कर वर्गांक दिया जाता है। जैसे—

2 : 51M ड्यूवी दशमलव वर्गीकरण

2 : 51N33 द्विबिन्दु वर्गीकरण

2 : 51N61 राइडर अन्तर्राष्ट्रीय वर्गीकरण प्रणाली

इसी प्रकार सूचीकरण प्रणाली के लिए भी काल युक्ति का प्रयोग किया जाता है।

2 : 55M7 कटर की अनुवर्णिक सूचीकरण विधि

2 : 55N3 क्लासीफाइड कैटलाग कोड

यह आवश्यक है कि काल युक्ति द्वारा किसी एकल को नये सिरे से बनाने के लिए या उसको अधिक केन्द्रित करने के लिए उस ही वर्ष या केन्द्र का प्रयोग किया जाना चाहिए जिस वर्ष या केन्द्र पर केन्द्रित है। सामान्य रूप से काल युक्ति का प्रयोग किन-किन स्थानों पर करना है यह द्विबिन्दु में निर्देशित कर वर्गीकरण को सरल बना दिया गया है।

3. विषय युक्ति (Subject Device)

जब किसी एकल अंक का विभाजन आगे करने के लिए किसी अन्य विषय या विषय के एकलों की आवश्यकता हो तो उस विषय या विषय के एकलों का उपयोग कर लेते हैं, इस विधि को रंगानाथन ने विषय युक्ति कहा है। इस विषय युक्ति द्वारा व्यक्तित्व, पदार्थ, ऊर्जा तथा स्थान के किसी भी पक्ष को नये सिरे से बनाया या व्यवस्थित किया जा सकता है। इसी प्रकार पहले से बने हुये पक्ष को और अधिक स्पष्ट किया जा सकता है। वर्गांक का वह भाग जो कि विषय युक्ति द्वारा लाया गया है, को छोटे कोष्ठक ( ) में रखा जाता है। उदाहरण के लिए—

पुस्तकालय विज्ञान '2' में विशिष्ट पुस्तकालय '24' को विषय युक्ति द्वारा विभाजित कर विषय विशेष से सम्बन्धित पुस्तकालय का वर्गांक तैयार किया जा सकता है। जैसे—

24 (J) कृषि पुस्तकालय

24 (L) चिकित्सा पुस्तकालय

इसी प्रकार 'Z' विधि में व्यक्तित्व पक्ष के प्रथम स्तर को विषय युक्ति से लेकर विभिन्न विषयों से सम्बन्धित विधि का वर्गांक तैयार किया जा सकता है। जैसे—

Z (Q7) मुस्लिम विधि

Z (Q2) हिन्दू विधि

शिक्षा 'T' में दूसरे आवर्तन के व्यक्तित्व [2P] पक्ष को भी विषय

युक्ति द्वारा लिया जाकर वर्गांक बनाया जाता है। जैसे—

विश्वविद्यालय में बीजगणित की शिक्षा

T4 : 3(B2)

भौतिक विज्ञान का पाठ्यक्रम T : 2(C)

जब किसी विषय का प्रयोग किसी दूसरे विषय के लिए क्रिया या समस्या के रूप में किया जाता है तो उसे ऊर्जा पक्ष में रखकर द्वि बिन्दु (:) (कोलन) द्वारा जोड़ा जाता है। जैसे—

भू रसायन H : (E)
गणितीय जीव भौतिकी G : (C) : (B)
इतिहास का दर्शन V : (R)
जीव भौतिकी G : (C)

इसी प्रकार स्थान एकल को केन्द्रित करने के लिए भी विषय युक्ति का प्रयोग करते हैं। जैसे—

विश्व के मुस्लिम देश	1 (Q7)
एशिया के मुस्लिम देश	4 (Q7)
विश्व के अंग्रेजी भाषी देश	1 (P111)
भारत के गेहूं उत्पादक प्रान्त	44(J382)

4. अध्यारोपण विधि (Superimposition Device)

जब कोई एकल विचार दो विभिन्न अनुसूचित एकलों से बनते हों और ये एक-दूसरे के पूरक हों तो इनका एकल अंक अध्यारोपण युक्ति द्वारा बनाया जाता है; या यह कह लीजिए कि जब दो विचार एकल मिलकर एक विचार एकल बनाते हैं तो इसके एकल अंक अध्यारोपण युक्ति द्वारा एकत्रित किए जाते हैं। जैसे—'ग्रामीण महिला' इस विचार में 'ग्रामीण' और 'महिला' दो अलग-अलग एकल हैं जो समाज शास्त्र विषय के अन्तर्गत आते हैं। जबकि ग्रामीण महिला एक विचार एकल है और इसे भी ग्रामीण और महिला के साथ व्यक्तित्व पहलू में आना चाहिए परन्तु रंगानाथन ने इसे वर्तमान परिस्थिति के अनुसार अध्यारोपण युक्ति द्वारा एकत्रित करने का प्रयास किया है। अध्यारोपण युक्ति प्रयोग करते समय दोनों एकलों के मध्य "—" हाइफन का उपयोग करते हैं। अनुसूची में जो एकल पहले आता है उसे पहले रखते हैं और जो एकल बाद में आता है उसे बाद में रखते हैं। इस प्रकार "ग्रामीण महिला" विषय का वर्गांक निम्नानुसार है :—

Y 15-31

इसी प्रकार चिकित्सा शास्त्र मुख्य वर्ग 'L' में भी इस युक्ति का प्रयोग किया जाता है। जैसे—

हाथ की हड्डी L163-82

किसी एक राष्ट्र का दूसरे राष्ट्र या राष्ट्रों पर प्रभुत्व हो तो उसका भी वर्गांक इसी युक्ति का प्रयोग कर बनाया जाता है।

ब्रतानवी साम्राज्य का इतिहास V1-56
भारत में ब्रतानवी साम्राज्य V44-56
अफ्रीका में फ्रांसीसी साम्राज्य V6-52

गहन वर्गीकरण प्रणाली में इस युक्ति का अधिक प्रयोग किया जाता है। इस युक्ति का सर्वाधिक प्रयोग व्यक्तित्व पक्ष [P] में किया जाता है। अन्य पक्षों पदार्थ, ऊर्जा, स्थान एवं समय में इसका प्रयोग नहीं होता। स्थान एकल में 'प्रभुत्व' के लिए किन्हीं परिस्थितियों में इस युक्ति के प्रयोग की छूट दी है।

5. वर्णक्रम युक्ति (Alphabetical Device)

जब किसी एकल को नया अंक देने के लिए सभी युक्तियां प्रयोग न हो पायें तब इस युक्ति का उपयोग करते हैं। वर्णक्रम में किसी भी अस्तित्व को प्रस्तुत करने का ढंग बहुत पुराना एवं लोकप्रिय है। वर्गीकरण करने के लिए यह विधि उचित नहीं होने के कारण इसका प्रयोग सबसे अन्त में किया जाता है।

द्विबिन्दु वर्गीकरण में किसी एकल को अलग करने के लिए जैसे व्यापारिक नामों आदि को इस युक्ति से अलग करते हैं। उस वस्तु के नाम के वर्णक्रम के प्रथम एक या दो अक्षर उसके वर्गांक के साथ लगाते हैं। जैसे—

एटलस साईकल D5125 ए
ऐवन साईकल D5125 ऐ
हीरो साईकल D5125 ही

इसी प्रकार कृषि में किसी उपज की अलग-अलग किस्मों को एक-दूसरे से अलग करने के लिए इसी विधि का प्रयोग किया जाता है। जैसे—

J381 चावल
J381ब बासमती चावल
J381प परमल चावल
J381दु दुबराज चावल
J381ट ट्रिटू चावल

इसी प्रकार गेहूं J382 में भी अलग-अलग किस्मों के अंक बनाये जा सकते हैं।

J382स सोनालिका गेहूं

J382म मैक्सिकन गेहूं

J382न नर्मदा चार गेहूं

इसके अतिरिक्त वर्णक्रम युक्ति का द्विबिन्दु वर्गीकरण में और कई स्थानों पर उपयोग किया जाता है। जैसे साहित्य 'O' में [P4] यानि कृति पहलू (रचना का नाम) भी इस वर्णक्रम युक्ति द्वारा दिया जाता है। (अध्याय 31 देखिए) जैसे—

रामचरित मानस : तुलसीदास

O152, 1 J34, रा

6. स्मृति सहायक युक्ति (Mnemonics Device)

रंगानाथन ने एक समान विचारों या मिलते-जुलते विचारों, जो कि विभिन्न स्थानों पर एक जैसे उपयोग किए जाते हों, के लिए एक ही एकल अंक प्रदान किया है और आगे आवश्यकता पड़ने पर एक ही एकल अंक प्रदान करने को कहा है। इसे स्मृति सहायक युक्ति कहते हैं। यह तीन प्रकार की हैं—

1. मौलिक स्मृति सहायक (Seminal Mnemonics)
2. अनुसूचित स्मृति सहायक (Scheduled Mnemonics)
3. शाब्दिक स्मृति सहायक (Verbal Mnemonics)

1. मौलिक स्मृति सहायक (Seminal Mnemonics)

रंगानाथन के अनुसार वर्गीकरण पद्धति में किसी विचार का प्रतिनिधित्व अथवा उसकी अभिव्यक्ति एक ही शब्द एवं एक ही अंक द्वारा होनी चाहिए। रंगानाथन ने इसे सर्वप्रथम अनुसूची रहित स्मृति सहायक कहा है, आगे चलकर पामर और वेल्स ने मौलिक स्मृति सहायक कहा है। रंगनाथन ने एक जैसे मिलते जुलते विचारों के लिये एक अंक प्रदान किया है जो कि निम्न है—

एकल अंक	विषय
1.	इकाई, भगवान, संसार, रेखा
2.	धरातल, शारीरिक रचना, बनावट, संविधान
3.	खगोल, त्रिलोक, विश्लेषण, कार्य आदि
4.	गर्मी, बीमारी, यातायात, संस्लेषण आदि
5.	ऊर्जा, रोशनी, किरण, तरल, पानी, समुद्र, विदेश, भावुकता, वातावरण, स्त्री योनि आदि
6.	धन, अस्वाभाविक, उपज आदि
7.	व्यक्तित्व, कीमत, लोकवित्त आदि
8.	सफर, संगठन आदि

उपर्युक्त विचारों में अथवा इनसे मिलते-जुलते विचारों के एकल अंक यदि अनुसूची में नहीं मिलते तब इन्हीं में से उस विचार के लिए अंक का प्रयोग कर लिया जाता है। उदाहरण के लिए यदि मेरा विषय "यातायात" है और इसके लिये अनुसूची में कोई अंक न हो तब हम "यातायात" के लिए यहां पर दिये गये अंक "4" का प्रयोग कर सकते हैं।

इसी प्रकार भौतिक विज्ञान में पानी के लिये किसी भी एकल अंक का प्रयोग नहीं किया गया है। अतः इसकी आवश्यकता पड़ने पर इस मौलिक स्मृति सहायक का प्रयोग "5" अंक दिया जा सकता है।

प्रकाश की पानी में गति   C51 : 21; 5

यहां पर पानी एक माध्यम है, यह दूसरे आवर्तन के पदार्थ के रूप में प्रयोग किया गया है।

इस मौलिक स्मृति सहायक का प्रयोग सामान्यतया वर्गाचार्यों द्वारा ही किया जाता है।

2. अनुसूचित स्मृति सहायक (Scheduled Mnemonics)

रगानाथन ने अपनी इस वर्गीकरण प्रणाली में कुछ सहायक अनुसूचियों का निर्माण कर इस स्मृति सहायक पर जोर दिया है। इन अनुसूचियों की संख्या चार है—

(अ) भौगोलिक विभाजन

(ब) समय विभाजन

(स) भाषा विभाजन

(द) सामान्य एकल

इस अनुसूची में दिए एकल अंक समान रूप से किसी भी मुख्य वर्ग में आवश्यकता पड़ने पर नियमानुसार प्रयोग किये जा सकते हैं। इसी प्रकार स्थान-स्थान पर आवश्यकतानुसार दूसरे विषय की अनुसूची के अंकों को उपयोग करने हेतु निर्देशित कर इस अनुसूचित स्मृति सहायक का प्रयोग किया है। जैसे पुस्तकालय विज्ञान में पदार्थ श्रेणी के लिए अनुसूची न देकर सामान्य ग्रन्थ सूची की व्यक्तित्व श्रेणी की अनुसूची के प्रयोग हेतु निर्देश दिया है। उदाहरण के लिए—

पुस्तकालयों में पुस्तकों का वर्गीकरण

2; 44 : 51

यहां पदार्थ "पुस्तक" को सामान्य ग्रन्थ सूची के व्यक्तित्व श्रेणी की अनुसूची में दिये पुस्तक एकल के अंक "44" को लिया गया है।

इसी प्रकार कोई विचार जिसका कि उपयोग एक विषय में कर लिया गया

है और वह उसी रूप में अन्य विषयों में भी प्रयोग किया जा रहा है, तो उसका वह एकल अंक, जो प्रथम बार प्रयोग किया है, बार-बार उसी प्रकार से उसी स्थान पर उन सभी विषयों में प्रयोग किया जायेगा जहां वह विचार आ रहा है। उदाहरणार्थ "बीमारी" का प्रयोग L चिकित्सा शास्त्र में "4" एकल अंक के साथ किया गया है। अब यदि इसका प्रयोग "G" जीव विज्ञान, "I" वनस्पति विज्ञान, "J" कृषि, "K" प्राणिविज्ञान, "KX" पशुपालन, "Y" समाजशास्त्र आदि में किया जाना हो तो '4' एकल अंक का प्रयोग ऊर्जा पहलू में उसी प्रकार करेंगे जैसे "L" चिकित्सा शास्त्र में किया गया है।

L : 4 मानवीय बीमारी
I : 4 वनस्पतियों में बीमारी
J : 4 कृषि में बीमारी
K : 4 प्राणियों में बीमारी
KZ : 4 पशुओं में बीमारी
Y : 4 सामाजिक बीमारी

3. शाब्दिक स्मृति सहायक (Verbal Mnemonics)

जब किसी विशेषता को वर्गीकरण के लिये प्रयुक्त किया जा रहा हो तो उसके लिए शाब्दिक स्मृति सहायक का प्रयोग कर वर्णक्रम के द्वारा एकल अंक प्रदान करते हैं। वास्तव में यह वर्णक्रम युक्ति (Alphabetical Device) का दूसरा नाम है। इसे समझाने के लिये वर्णक्रम युक्ति देखें।

सामान्यतया इन सभी प्रकार की स्मृति सहायक युक्ति का प्रयोग करने वाले वर्गकार को ज्ञानी और अन्तर्यामी होना चाहिए।

5

प्रणालियां एवं विशिष्ट
(SYSTEMS AND SPECIALS)

किसी भी कार्य को करने के लिए कई विधियों का प्रयोग किया जाता है। इन विधियों को रंगानाथन ने प्रणाली कहा है। ये प्रणालियां अलग-अलग विचारों से पैदा होती हैं। यह भी हो सकता है कि संचार माध्यम की कमी के कारण एक कार्य करने के कई स्थानीय तरीके निकल आते हैं। इन तरीकों की रंगानाथन ने अपने द्विबिन्दु वर्गीकरण में प्रणाली शब्द (Systems) दिया है। ये प्रणालियां कई विषयों में आती हैं। रंगानाथन ने इनको समय युक्ति (Chronological Device) द्वारा सीधे मुख्य वर्ग से जोड़कर बनाया है। जैसे चिकित्सा विज्ञान (L) में निम्नलिखित प्रणालियां (Systems) हैं—

LB आयुर्वेद (Ayurved)
LC सिद्ध (Sidha)
LD यूनानी (Unani)
LL होमियोपैथी (Homeopathy)
LM प्राकृतिक (Naturopathy)

जिस प्रणाली का सबसे अधिक उपयोग किया गया हो या जिस पर अधिक साहित्य प्रकाशित हुआ हो या सबसे अधिक लोकप्रिय हो उस प्रणाली हेतु किसी अलग एकल अंक की आवश्यकता नहीं होती। जैसे चिकित्सा विज्ञान (L) में एलोपैथी (Allopathy) चिकित्सा पद्धति सबसे अधिक लोकप्रिय एवं अधिक उपयोग की जाने वाली पद्धति है, अतः इसके लिए समय युक्ति का प्रयोग कर किसी अलग एकल अंक को न देकर मुख्य वर्ग (L) से दर्शाया हुआ मान लिया जाता है।

द्विबिन्दु वर्गीकरण में ये प्रणालियां गणित (B) के अनुभागों, भौतिकशास्त्र (C), कृषि (J), चिकित्सा (L), मनोविज्ञान (S), शिक्षा (T), एवं अर्थशास्त्र (X) में आती हैं। ऐसे विषय जिसमें प्रणाली एवं व्यक्तित्व पक्ष दोनों एक साथ आते हों वर्गांक बनाते समय प्रणाली एवं व्यक्तित्व के बीच कामा (,) लगाना आवश्यक है। जैसे—

'होमियोपैथी द्वारा आंखों की बीमारी का इलाज'

LL, 185 : 4 : 6

इसी प्रकार 'समाज वाद में कृषि अर्थशास्त्र'

XM2, 8 (J)

विशिष्ट (Special)

जिस प्रकार किसी कार्य को करने के लिये विभिन्न प्रणालियों का प्रयोग किया जाता है उसी प्रकार विषय का होना या कार्य का क्षेत्र भी सीमित किया जा सकता है। यह क्षेत्र विशेषताओं के आधार पर ही सीमित किया जाता है। जैसे—बच्चों की चिकित्सा, औरतों की चिकित्सा आदि। इसका वर्गांक बनाते समय मुख्य वर्ग के साथ '9' लगाकर अलग-अलग विशिष्टता के प्रथम अक्षर का प्रयोग किया जाता है। जैसे—

L9C बच्चों की चिकित्सा (Child)
L9D किशोरों की चिकित्सा (Adolescent)
L9E वृद्धों की चिकित्सा (Old Age)
L9F महिलाओं की चिकित्सा (Female)

इसी प्रकार अर्थशास्त्र में

X9B छोटी इकाई
X9D बड़ी इकाई

प्रणाली की ही तरह जब विशिष्ट व्यक्तित्व के साथ आता है तो उन दोनों के बीच कामा (,) का प्रयोग किया जाता है। जैसे—

बच्चों की आंखों की बनावट

L9C, 185 : 2

छोटे स्तर के उद्योग

X9B, 8 (A)

यदि प्रणाली और विशिष्टता एक साथ आ जायें तो पहले प्रणाली फिर विशिष्ट पक्ष आता है और दोनों के बीच कामा (,) लगाते हैं तथा विशिष्ट पक्ष के साथ लगे मुख्य वर्ग के संकेत अंक को हटा देते हैं। जैसे—

समाजवाद XM2
छोटी इकाइयां X9B

समाजवाद प्रणाली में छोटे स्तर की इकाइयां

XM2, 9B

इसमें '9B' के साथ लगे मुख्य वर्ग अंक 'X' को दुबारा प्रयोग नहीं किया गया है।

इसी प्रकार—

'आयुर्वेद प्रणाली द्वारा महिलाओं की बीमारी का इलाज'

LB, 9F : 4 : 6

प्रणाली और विशिष्ट पक्ष के साथ व्यक्तित्व पक्ष भी आ सकता है। इन तीनों के एक साथ आने पर पहले प्रणाली, फिर विशिष्ट पक्ष और सबसे बाद में व्यक्तित्व पक्ष को रखते हैं तथा इनको अलग-अलग करने के लिये इनके बीच कामा (,) का प्रयोग करते हैं। जैसे—

समाजवाद प्रणाली में छोटे स्तर के उद्योग

XM2, 9B, 8 (A).

आयुर्वेद द्वारा महिलाओं की आंखों का इलाज

LB, 9F, 185 : 4 : 6

6

समय या काल पहलू
(TIME)

प्रत्येक वर्गांक में समय श्रेणी एक जैसी रहती है इसलिए संयुक्त श्रेणी की संज्ञा दी गई है। रंगानाथन ने इसके एकलों को एक अनुसूची में एक साथ अध्याय 3 पृष्ठ 2.7 पर दिया है। रंगनाथन ने वर्ग अंकों को संक्षिप्त करने के लिए समय को भी संकेतों में अंकित किया है। समय श्रेणी अपना अस्तित्व दो स्तरों में रखती है।

प्रथम स्तर [T1] किसी सन् को दर्शाता है, जैसे सन् 1991 या 500 ईसा पूर्व आदि।

द्वितीय स्तर [T2] भौगोलिक समय को दर्शाता है, जैसे सुबह, शाम, गर्मी, बरसात आदि।

दोनों काल या समय स्तरों को वर्गांक में उल्टा कामा (') अर्थात् अपस्ट्राफी से जोड़ते हैं। प्रथम स्तर के समय की निम्न सारिणी अध्याय 3 के पृष्ठ 2.7 में दी गई है।

A ईसा पूर्व समय
B 9999—1000 ईसा पूर्व
C 999—1 ईसा पूर्व
D 1—999 ईस्वी
E 1000—1099 ईस्वी
F 1100—1199 ईस्वी
G 1200—1299 ईस्वी
......
N 1900—1999 ईस्वी
......
YC 3100—3199 ईस्वी

यह सारिणी शताब्दी के आधार पर बनाई गई है। उपर्युक्त सारिणी में से रोमन वर्णमाला के अक्षरों के साथ संख्या अंक 1, 2, 3 आदि लगाकर किसी एक वर्ष को स्पष्ट किया जा सकता है। जैसे—

1991 को N91

उपर्युक्त अंक में

N बीसवीं सदी दर्शाता है।

9 दस की दहाई दर्शाता है।

1 दूसरा वर्ष दर्शाता है।

इसी प्रकार 1564—J64

J सोलहवीं सदी दर्शाता है।

6 सातवीं दहाई दर्शाता है।

4 पांचवां वर्ष दर्शाता है।

अक्षर 'D' के पश्चात् के प्रत्येक अक्षर एक शताब्दी को दर्शाते हैं। परन्तु 'D' एक हजार वर्ष को दर्शाता है। इसलिए इसमें किसी वर्ष को दर्शाने के लिए 'D' के अतिरिक्त तीन और अंकों की आवश्यकता होती है। जैसे 515AD के लिए वर्गांक इस प्रकार बनेगा :

D515

उपरोक्त अंक में संकेतों का अर्थ निम्नानुसार है—

D प्रथम हजार वर्ष

5 छठी शताब्दी

1 दूसरी दहाई

5 छठा वर्ष

ईसा पूर्व के वर्षों को दर्शाना या संकेतों में अंकित करना आसान नहीं है। आज के समय की तुलना में उस समय के समय का प्रवाह उल्टा होने के कारण यह कठिन माना जाता है। जिस वर्ष को संकेत में बदलना हो उस ईसा पूर्व के समय के वर्णमाला के अक्षर लेते हैं तथा उसके दर्शाये गये बड़े अंक में से घटाकर शेष बचे अंक को उस वर्णमाला के साथ जोड़ देते हैं। जैसे—

550 ईसा पूर्व

C=999—1 ईसा पूर्व

999—550=449

C449 संकेत चिन्ह 550 ईसा पूर्व का बना

5000 ईसा पूर्व

B=9999—1000 ईसा पूर्व

9999—5000=4999

B4999 संकेत चिन्ह 5000 ईसा पूर्व का बना

इसको पूर्ण विधि (Method of Complements) कहा जाता है। यह विधि बढ़ते समय को बढ़ते क्रम के अनुसार प्रलेखों को व्यवस्थित करने में सहायक होती है।

दूसरे स्तर के समय के एकल भी 2.7 पृष्ठ पर साथ ही दिए गए हैं। इनको रोमन वर्णमाला के छोटे अक्षरों द्वारा संकेतिक किया गया है। जैसे—

c दिन का समय

d रात का समय

n1 बसन्त ऋतु

n5 पतझड़ ऋतु

समय श्रेणी से सम्बन्धित उदाहरण निम्न है—

सर्दियों में वारिश U2853‘n7

1990 की सर्दियों में वारिश U2853‘N90‘n7

हिमपात में यात्रा U8‘p8.

यहां यह स्पष्ट कर देना आवश्यक है कि समय एकल कभी भी अकेले प्रयोग नहीं किये जाते, इनका उपयोग हमेशा किसी-न-किसी विषय के साथ ही प्रयोग किया जाता है।

7

स्थान पहलू
(SPACE)

स्थान श्रेणी के एकलों को द्विबिन्दु वर्गीकरण के पृष्ठ 2.8 से 2.17 तक सूचीबद्ध किया गया है। स्थान एकल के विभाजन से सम्बन्धित संशोधित नियम अनुलग्न पृष्ठ 20 से 23 तक दिये गये हैं। इस नियम के अनुसार रंगानाथन ने इसके चार विभाग बनाये हैं, जो निम्न हैं—

1. राजनीतिक विभाजन (Political Divisions)
2. जनसंख्या अनुसार विभाजन (Population Clusters)
3. प्राकृतिक भूखण्ड (Physiogeographical Divisions)
4. दिशामान विभाजन (Orientation Divisions)

इन विजाजनों के कारण स्थान एकल आवश्यकतानुसार एक से अधिक स्तरों में आते हैं। प्रत्येक स्तर के लिए योजक चिन्ह डाट (.) का प्रयोग करते हैं।

1. राजनीतिक विभाजन (Political Divisions)

स्थान एकल का विभाजन सर्वप्रथम विश्व के राजनैतिक आधार पर किया गया है, जो कि विभिन्न महाद्वीपों से प्रारम्भ किये जाकर सबसे छोटी इकाई शहर तक की गई है। जैसे—महाद्वीपों के आधार पर विभाजन

1. विश्व
4. एशिया
5. यूरोप
6. अफ्रीका
7. अमेरिका
8. आस्ट्रेलिया
9. दूसरे द्वीप और समुद्र

प्रत्येक द्वीप को आगे राष्ट्रों में विभाजित किया गया है।

44 भारत
56 ब्रतानिया
677 मिस्र
73 संयुक्त राज्य अमेरिका
84 दक्षिण एवं मध्य आस्ट्रेलिया आदि

इसका आगे विभाजन प्रान्तों में किया गया है।

44 भारत
441 दक्षिण प्रान्त
4411 तमिलनाडु
4412 केरल
4416 आन्ध्र प्रदेश
444 उत्तर-पश्चिम प्रान्त
4443 पंजाब
4445 हिमाचल प्रदेश
4447 जम्मू एवं कश्मीर आदि

किसी देश की दूसरे देश में बस्तियों या साम्राज्य के अंकों को अध्यारोपण विधि (Superimposition Device) द्वारा बनाया जाता है। जैसे—

1-56 ब्रिटिश साम्राज्य
44-56 भारत में ब्रिटिश साम्राज्य
6-53 अफ्रीका में फ्रांसीसी बस्तियां

अन्तर्राष्ट्रीय या राष्ट्रीय राजनैतिक संगठनों के अंक काल युक्ति द्वारा बनाये जाते हैं। (नियम 412 पृष्ठ 1.51) जैसे—

1N4 संयुक्त राष्ट्र संघ
1N48 राष्ट्रमण्डलीय राष्ट्र संघ
6N अफ्रीकी संगठन आदि

यदि राष्ट्र समूह या किसी राष्ट्र के प्रान्त समूह किसी विषय संयुक्तता द्वारा एक सूत्र से बंधे हों चाहे भौगोलिक स्थिति कितनी भी दूर क्यों न हो, उनको विषय युक्ति द्वारा बांधा जा सकता है। (नियम 413 पृष्ठ 1.51) जैसे—

विश्व के अंग्रेजी भाषी देश	1(P111)
यूरोप के अंग्रेजी भाषी देश	5(P111)
एशिया के मुस्लिम राष्ट्र	4(Q7)
भारत के चावल उत्पादक प्रान्त	44(J381)
भारत के हिन्दी भाषी प्रान्त	44(P152)

2. जनसंख्यानुसार विभाजन (Population Clusters)

आवश्यकतानुसार स्थान एकल को शहर, कस्बा, गांव आदि को व्यक्त करने के लिए राजनैतिक विभाजन के पश्चात् वर्णक्रम युक्ति द्वारा उस शहर, कस्बा, गांव के प्रथम अक्षर का प्रयोग कर एकल अंक तैयार करते हैं। वर्णक्रम के अंक को डाट (.) संयोजी चिन्ह का प्रयोग कर जोड़ते हैं। जैसे —

दिल्ली नगर	44.D
रीवा शहर	448111.R
पटियाला शहर	4443.P
बम्बई शहर	44.B

3. प्राकृतिक विभाजन (Physiogeographical Division) —

देश अथवा स्थान को सूक्ष्मता प्रदान करने के लिए द्विबिन्दु वर्गीकरण में देश को प्राकृतिक भूखण्डों में व्यक्त करने की व्यवस्था की गई है। इसके अनुसार नदी, पहाड़, झील आदि का संकेत किया जा सकता है। इसकी सूची अनुलग्न पृष्ठ 22 में दी गई है। इसका भी प्रयोग योजक चिन्ह (.) डाट के साथ करते हैं।

a भूमि (Geosphere)
d मरुभूमि (Desert)
e5 डेल्टा (Delta)
e6 टापू (Island)
f जंगल (Forest)
g 1 घाटी (Valley)
g 7 पर्वत (Mountain)
p 1 नदी (River)
p 6 झील (Lake)
v समुद्र (Ocean)

उपर्युक्त एकल अंकों का प्रयोग राजनैतिक एकल अंकों के साथ करते हुए उसको और विशिष्टीकरण करने के लिए वर्णक्रम युक्ति का प्रयोग करते हैं जैसे—

भारत के पर्वत	44.g7
भारत की नदियां	44.p1
गंगा नदी	44. p1G

4. दिशामान विभाजन (Orientation Division)

स्थान को दिशा पूर्व, पश्चिम, उत्तर-दक्षिण, उत्तर-पूर्व आदि के अनुसार भी सूक्षता प्रदान करने की व्यवस्था इस प्रणाली में की गई है। दिशा के लिए उपयोग किये गए एकल अंक अनुसूची में 2.8 पृष्ठ पर विश्व के अंक '1' के साथ दिए गए हैं, किसी अन्य स्थान के साथ उपयोग किए जाते समय '1' विश्व का अंक हटाकर शेष अंक उपयोग कर सकते हैं। इसका प्रयोग करते समय योजक चिन्ह डाट (.) का प्रयोग किया जाना चाहिए। जैसे—

विश्व का पूर्वी भाग	19B
भारत का पूर्वी भाग	44.9B
पंजाब का पूर्वी भाग	4443.9B

उपर्युक्त चारों विभागों में सर्वप्रथम राजनैतिक विभाजन के एकल अंक लाये जाते हैं। इसके पश्चात जनसंख्या विभाजन, दिशा विभाजन एवं प्राकृतिक विभाजन के अंक आवश्यकतानुसार लगाये जाते हैं। प्रत्येक विभाजनों के बीच डाट का प्रयोग कर उसका स्तर निर्धारित कर दिया जाता है। जैसे —

भारतीय नदियां	44.p1
गंगा नदी	44.p1G
गंगा का पूर्वी क्षेत्र	44.*p*1G.9B
भारत के पूर्वी क्षेत्र की नदियां	44.9B.p1
पूर्वी कलकत्ता	4475.C.9B
पूर्वी रीवा शहर	448111.R.9B

भौगोलिक विभाजनों में सम्भव राजनैतिक विभाजन की अनुसूची पृष्ठ 2.8 से 2.17 तक की गई है। उपभोगकर्त्ताओं को किसी राजनैतिक विभाजन के एकल अंक खोजने में किसी प्रकार की कठिनाई न हो इस हेतु एक अनुक्रमणिका पृष्ठ 2.18 से 2.25 तक दी गई है। इस अनुक्रमणिका से किसी अपरिचित स्थान का भी एकल अंक आसानी से खोजा जा सकता है।

स्थान एकल अकेले उपयोग नहीं किए जाते। ये हमेशा किसी न किसी मुख्य वर्ग के साथ ही उपयोग किए जायेंगे। मुख्य वर्ग के बिना इनका कोई अस्तित्व नहीं है। इसे और समझने के लिए कुछ उदाहरण और देखें—

भारत की आर्थिक स्थिति	X.44
मध्य प्रदेश की आर्थिक स्थिति	X.4455
रीवा की आर्थिक स्थिति	X.448111
रीवा नगर की आर्थिक स्थिति	X.44811.R
रीवा नगर के पूर्वी क्षेत्र की आर्थिक स्थिति	X.448111.R.9B

8

सामान्य एकल
(COMMON ISOLATES)

ज्ञान वर्गीकरण में एकल छोटी-से-छोटी सबसे छोटी इकाई है। इसके आगे ज्ञान का कोई विभाजन नहीं है। एकल विषय तो नहीं होते, परन्तु विषय के भाग अवश्य हैं। रंगानाथन ने इन्हें दो प्रकार का बताया है।

1. विशिष्ट एकल (Special Isolates)
2. सामान्य एकल (Common Isolates)

विशिष्ट एकल (Special Isolates)

वे एकल जो किसी विशिष्ट गुणों या विशेषताओं से सम्बन्धित होते हैं अथवा किसी विषय विशेष के लिए ही प्रयुक्त हो सकते हैं विशिष्ट एकल की श्रेणी में आते हैं। इन एकलों का विषय के बाहर कोई अर्थ नहीं होता। जैसे "रोग" इस एकल विचार का सम्बन्ध चिकित्साशास्त्र से है अन्य विषय जैसे गणित भौतिक विज्ञान आदि में इसका उपयोग नहीं हो सकता अत: यह विशिष्ट एकल हैं।

सामान्य एकल (Common Isolates)—

वे एकल जो सभी विषयों के साथ समान रूप से प्रयोग किए जाते हैं सामान्य एकल होते हैं। ये एकल ज्ञान का लिखित रूप में प्रस्तुत एवं प्रसारित करने के अलग-अलग रूप हैं। जैसे—

विज्ञान के पुस्तकों की सूची
वैज्ञानिक शोध
वैज्ञानिक अनुसंधान केन्द्र
वैज्ञानिकों की जीवनी
वैज्ञानिक पत्रिका आदि

यहां विज्ञान विषय को उपर्युक्तानुसार प्रस्तुत करने की विभिन्न विधियां हैं।

इसमें पुस्तकों की सूची, शोध, अनुसन्धान केन्द्र, जीवनी, पत्रिका आदि सामान्य एकल हैं। ये विज्ञान के अलावा अन्य विषयों के साथ इसी प्रकार से प्रयुक्त किए जा सकते हैं। ये एकल दो प्रकार के हैं—

(अ) पूर्ववर्ती सामान्य एकल (Anteriorising Common Isolate)
(ब) परवर्ती सामान्य एकल (Posteriorising Common Isolate)

(अ) पूर्ववर्ती सामान्य एकल

ये वे एकल हैं, जो किसी भी विषय के साथ आने पर उस विषय को अन्य विषयों के पूर्ववर्ती स्थान पर लाते हैं। इन एकलों का दूसरा लक्षण यह है कि इनको किसी भी वर्ग अंक के साथ उपयोग किये जाते समय किसी योजक चिन्ह की आवश्यकता नहीं पड़ती। इनको द्विबिन्दु वर्गीकरण में पृष्ठ 2.5 से 2.6 तक सूचीकृत किया गया है। रंगनाथन ने इन पूर्ववर्ती सामान्य एकल को तीन श्रेणियों में बांटा है—

(अ1) स्थान श्रेणी से पहले आने वाले पूर्ववर्ती सामान्य एकल (Applicable before space facet)

(अ2) स्थान श्रेणी के पश्चात आने वाले पूर्ववर्ती सामान्य एकल (Applicable after space facet)

(अ3) समय श्रेणी के पश्चात उपयोग किए जाने वाले पूर्ववर्ती सामान्य एकल (Applicable after time facet).

इन सभी प्रकार के पूर्ववर्ती सामान्य एकलों के प्रयोग सम्बन्धी नियम पृष्ठ 1.43 से 1.48 तक दिए गए हैं।

स्थान श्रेणी से पहले उपयोग किए जाने वाले पूर्ववर्ती सामान्य एकलों के अपने अलग-अलग पहलू सूत्र हैं जो कि लगभग समान हैं। सूत्र निम्न है—

[वर्गांक] [परिवर्ती सामान्य एकल] [P], [P2]

इस सूत्र में

[P] स्थान है। यहां कितने क्षेत्र के लिए स्थान एकल का प्रयोग करना है इस सम्बन्ध में पृष्ठ 1.45 पर कुछ निर्देश दिये हैं। इसके आधार पर *k* कोष, *n* क्रमिक प्रकाशन, *p* सम्मेलन के लिए उतने क्षेत्र का स्थान एकल लेना है जितने क्षेत्र में फैला हुआ हो जैसे सम्मेलन यदि अन्तर्राष्ट्रीय स्तर का हो तो स्थान एकल विश्व का होगा। यदि राष्ट्रीय स्तर का है तो देश का एकल अंक लगेगा। इसी प्रकार ***m*** पत्रिका आदि में जहां से पत्रिका का प्रकाशन हो रहा है वहां का एकल अंक प्रयोग किया जायेगा।

[P2] समय है। यह समय युक्ति से पृष्ठ 1.45 के निर्देशानुसार लिया जाना है।

एकल
(Isolates)

- सामान्य एकल (Common Isolate)
  - पूर्ववर्ती सामान्य एकल (Anteriorising Common Isolate)
    - —स्थान के पूर्व लगने वाले पूर्ववर्ती सामान्य एकल (Applicable before space ACI)
    - —स्थान के पश्चात लगने वाले पूर्ववर्ती सामान्य एकल (Applicable after space ACI)
    - —समय के पश्चात लगने वाले पूर्ववर्ती सामान्य एकल (Applicable after time facet ACI)
  - परवर्ती सामान्य एकल (Posteriorising Common Isolate)
    - —व्यक्तित्व परवर्ती एकल सामान्य (Personality Isolate Common)
    - —पदार्थ परवर्ती सामान्य एकल (Matter Posteriorising Common Isolate)
    - —ऊर्जा परवर्ती सामान्य एकल (Energy Posteriorising Common Isolate)
- विशिष्ट एकल (Special Isolate)

कुछ उदाहरण देखें—

अखिल भारतीय पुस्तकालय सम्मेलन (जोधपुर) 1990 दिसम्बर

2*p*44, N90

सम्मेलन राष्ट्रीय स्तर पर भारत में था अतः स्थान एकल '44' भारत उपयोग किया गया है। इसी प्रकार 1990 में सम्पन्न हुआ अतः समय '1990' लिया गया है।

विज्ञान प्रगति (नई दिल्ली 1952)

A*m*44, N52

यदि पहलू सूत्र में पहलुओं की संख्या मात्र एक हो तो उसे काल युक्ति से लाते हैं। जैसे—राजीव गांधी का जीवन वृतांत (जन्म 1943)

V44, 12*y*7 N43

रंगानाथन : एक जीवनी (जन्म 1892)

2*w* M92

इसी प्रकार स्थान श्रेणी और समय श्रेणी के पश्चात प्रयोग किये जाने वाले पूर्ववर्ती सामान्य एकलों का प्रयोग कर वर्गांक बना लेते हैं। कुछ उदाहरण देखें—

मध्य प्रदेश की शैक्षणिक सांख्यिकी T.4455*s*

भारतीय शिक्षा अनुदान आयोग का प्रतिवेदन, 1957

T.44 'N57*t*

मध्य प्रदेश के प्राथमिक विद्यालयों का सर्वेक्षण, 1991

T15.4455 'N91*t*4

(ब) परवर्ती सामान्य एकल

ये वे एकल हैं जिनका वर्गांक के साथ प्रयोग किए जाते समय योजक चिह्नों का प्रयोग किया जाता है। ये तीन प्रकार के हैं—

(ब1) व्यक्तित्व परवर्ती सामान्य एकल (Personality Posteriorising Common Isolates)

(ब2) पदार्थ परवर्ती सामान्य एकल (Matter Posteriorising Common Isolates)

(ब3) ऊर्जा परवर्ती सामान्य एकल (Energy Posteriorising Common Isolates)

उपर्युक्त तीनों में से पदार्थ परवर्ती सामान्य एकलों के ऊपर शोध कार्य नहीं हुआ, अतः उनकी संख्या एक भी नहीं है। इनका प्रयोग भी नहीं होता।

व्यक्तित्व परवर्ती सामान्य एकल का प्रयोग स्थान एकल के पश्चात् किया जाता है। इन एकलों का प्रयोग करते समय योजक चिह्न कामा (,) का प्रयोग आवश्यक रूप से करते हैं। इसका पहलू सूत्र निम्न है—

[वर्गांक], [व्यक्तित्व सामान्य एकल], [P], [P2] : [E] [2P]

इस पहलू सूत्र में व्यक्तित्व सामान्य एकल के बाद उपयोग किये जाने वाले व्यक्तित्व के प्रथम [P] और द्वितीय [P2] स्तर और ऊर्जा के लिये पृष्ठ 1.48 पर नियम दिये हैं। ये निम्न हैं—

[P] इसमें संस्था/संगठन आदि के नाम दिये जाते हैं, नियमानुसार संस्था के स्थानीय होने पर वर्णक्रम युक्ति का प्रयोग करते हैं। संस्था यदि स्थानीय न होकर राष्ट्रीय, अन्तर्राष्ट्रीय स्तर की हो तो उसका एकल अंक स्थापना वर्ष द्वारा काल युक्ति से लाते हैं। काल युक्ति का प्रयोग करते समय '9' और प्रयोग करते हैं।

[P2] संस्था के अंग जैसे संस्था प्रधान, कार्यकारिणी आदि हैं। इसे 'V इतिहास' मुख्य वर्ग के [P2] से लिया जाता है।

[E] [2P] संस्था की कार्यप्रणाली, संविधान, सिद्धान्त आदि हैं। इसे भी 'इतिहास-V' मुख्य वर्ग के [E] [2P] की भांति ही लेना है।

निम्न उदाहरण देखें—

अवधेश प्रताप सिंह विश्वविद्यालय, रीवा (म०प्र०)

T4.4455,*d*,अ

पंजाब कृषि विश्वविद्यालय के कुलपति

J.4443,*e*4,पं, 1.

भारतीय ग्रंथालय संघ के अध्यक्ष का चुनाव 1991 (स्थापना 1923)

2.44, *g*, 9N23, 1 : 91 'N91

ऊर्जा परवर्ती सामान्य एकलों को, जिसे पृष्ठ 2.6 पर सूचीकृत किया है, आवश्यकतानुसार प्रयोग करते समय द्विबिन्दु (:) का प्रयोग करना है।

कृषि में शोध J : *f*

कविताओं का मूल्यांकन O, 1 : *g*

ये एकल प्रलेखों का अपूपा (APUPA) क्रम में रखने में सहायक होते हैं। अपूपा के द्वारा सर्वाधिक उपयोगी प्रलेख को मध्य में रखा जाता है तथा क्रमशः मध्य में रखी पाठ्य सामग्री से कम सम्बन्ध रखने वाली पाठ्य सामग्रियों को उसके दोनों ओर रखते हैं। इससे पाठक आसानी से अपनी इच्छित सामग्री प्राप्त कर लेते हैं।

9

दशा या विषयांग संबंध
(PHASE RELATION)

वर्तमान समय में अन्तर्विषय अध्ययन सामूहिक शोध के कारण बहुत अधिक हो रहा है। इस शोध के कारण यह कोई नहीं कह सकता कि दो या अधिक विषय किस दृष्टि या पक्ष से संयुक्त होकर नया विषय बना लेंगे। इस प्रकार से बनने वाले विषयों की संख्या अनगिनत है। किसी परिगणनात्मक वर्गीकरण प्रणाली में ऐसे विषयों का वर्गीकरण करना बहुत कठिन है। रंगनाथन ने इन विषयों का गहन अध्ययन कर उनको एक साथ रखने के लिए जिस तरीके को सुझाया है उसे दशा सम्बन्ध (Phase Relation) कहते हैं। इस दशा सम्बन्ध से बने वर्गांकों को जटिल वर्ग (Complex Class) कहते हैं। ये दशा सम्बन्ध तीन स्तरों में होता है।

1. अन्तर विषय दशा सम्बन्ध (Inter Subjects Phase Relation)
2. अन्तर पक्ष दशा सम्बन्ध (Intra Facet Relation)
3. अन्तर पंक्ति दशा सम्बन्ध (Intra Array Relation)

जब दो विषयों के बीच सम्बन्ध होता है तो उसे अन्तरविषय सम्बन्ध कहते हैं। जैसे गणित और रसायन शास्त्र में सम्बन्ध, राजनीति का इतिहास आदि।

एक विषय के एक पक्ष में विभिन्न एकलों के बीच होने वाले सम्बन्ध को अन्तर पक्ष सम्बन्ध कहते हैं। जैसे बीजगणित और रेखागणित में अन्तर आदि।

इसी प्रकार जब एक विषय के एक पक्ष के एक पंक्ति में उपस्थित विभिन्न एकलों के मध्य के सम्बन्ध को अन्तर पंक्ति सम्बन्ध कहते हैं। जैसे चांदी और सोना धातुओं में अन्तर आदि।

रंगानाथन के अनुसार ये दशा सम्बन्ध पांच प्रकार के होते हैं। जो कि निम्न हैं—

1. सामान्य सम्बन्ध (General Relation)
2. दृष्टिकोण सम्बन्ध (Bias Relation)

3. तुलनात्मक सम्बन्ध (Comparison Relation)
4. अन्तर (भेद) सम्बन्ध (Difference Relation)
5. प्रभाव सम्बन्ध (Influencing Relation)

ये सम्बन्ध विषय, पक्ष और पंक्ति तीनों में पाये जाते हैं। इस प्रकार इनकी संख्या पन्द्रह हो जाती है जोकि निम्न है—

1. सामान्य अन्तर विषय दशा सम्बन्ध
2. दृष्टिकोण अन्तर विषय दशा सम्बन्ध
3. तुलनात्मक अन्तर विषय दशा सम्बन्ध
4. भेद अन्तर विषय दशा सम्बन्ध
5. प्रभाव अन्तर विषय दशा सम्बन्ध
6. सामान्य अन्तर पक्ष सम्बन्ध
7. दृष्टिकोण अन्तर पक्ष सम्बन्ध
8. तुलना अन्तर पक्ष सम्बन्ध
9. भेद अन्तर पक्ष सम्बन्ध
10. प्रभाव अन्तर पक्ष सम्बन्ध
11. सामान्य अन्तर पंक्ति सम्बन्ध
12. दृष्टिकोण अन्तर पंक्ति सम्बन्ध
13. तुलना अन्तर पंक्ति सम्बन्ध
14. भेद अन्तर पंक्ति सम्बन्ध
15. प्रभाव अन्तर पंक्ति सम्बन्ध

जटिल वर्गांक बनाने की विधि (Methods of Construction of Complex Classes)

जटिल विषयों का वर्गांक बनाते समय सबसे पहले विषय को दशाओं में विश्लेषित करते हैं। विश्लेषण के पश्चात पहली दशा और दूसरी दशा का निर्धारण करते हैं। दशा निर्धारण के लिये कुछ नियम दिए गए हैं—

—सामान्य, तुलना एवं भेद सम्बन्ध में पहली दशा वह दशा होती है जिसका अंक अनुसूची में पहले आ रहा हो तथा जिस दशा का अंक अनुसूची में बाद में आ रहा है वह दूसरी दशा होती है। जैसे—
"प्राणि और वनस्पति में अन्तर"
इसमें प्राणि विज्ञान का अंक 'K' वनस्पति विज्ञान के अंक 'I' के बाद आता है अत: वनस्पति पहली दशा और प्राणि विज्ञान दूसरी दशा है।
इसी प्रकार "जैन और बौद्ध धर्म में सम्बन्ध" विषय में जैन धर्म अनु-

सूची में बौद्ध धर्म से पहले आ रहा है। अतः जैन धर्म पहली दशा और बौद्ध धर्म दूसरी दशा है।

— दृष्टिकोण दशा में जिस दशा का झुकाव हो रहा होता है वह पहली दशा होती है और जिस दशा की ओर झुकाव हो रहा है वह दूसरी दशा है। जैसे—"भौतिक शास्त्र के लिये गणित" इस विषय में गणित का झुकाव भौतिक शास्त्र की ओर रहा है अतः गणित पहली दशा और भौतिक शास्त्र दूसरी दशा है।

—प्रभाव दशा सम्बन्ध में प्रभावित दशा पहले आती है और प्रभाव डालने वाली दशा बाद में आती है। जैसे "हिन्दू धर्म का सिक्ख धर्म पर प्रभाव" इस विषय में हिन्दू धर्म सिक्ख धर्म को प्रभावित कर रहा है। अतः सिक्ख धर्म प्रभावित दशा प्रथम दशा है और हिन्दू धर्म प्रभाव डालने वाली दशा दूसरी दशा है।

इसी प्रकार "गणित का भौतिक विज्ञान पर प्रभाव" विषय में भौतिक विज्ञान प्रभावित दशा होने के कारण प्रथम दशा है और गणित प्रभाव डालने वाली दशा है अतः दूसरी दशा है।

पहली और दूसरी दशा निर्धारित करने के पश्चात जटिल वर्गांक बनाने में कोई कठिनाई नहीं रह जाती। इसका सूत्र निम्नानुसार है—

[पहली दशा]+0 [शून्य]+a/y+[दूसरी दशा]

इसमें '0' (शून्य) दशा सम्बन्ध का योजक चिह्न है। नीचे दी गई सारणी, जो द्विबिन्दु वर्गीकरण के अध्याय 6 और पृष्ठ 2.28 में दी गई है; के a से y तक का कोई अंक दशा सम्बन्ध के स्तर एवं प्रकार को बताता है।

अन्तर पंक्ति	अन्तर पक्ष	अन्तर वर्ग	सम्बन्ध का स्वरूप
t	*j*	*a*	सामान्य
u	*k*	*b*	दृष्टिकोण
v	*m*	*c*	तुलना
w	*n*	*d*	भेद
y	*r*	*g*	प्रभाव

पहली दशा और दूसरी दशा में से जो अंक दोनों में समान होते हैं उनको दूसरी दशा में दुबारा नहीं लिखते।

उपरोक्त सभी सम्बन्धों को समझने के लिये निम्न उदाहरणों को देखिये—

अन्तर वर्ग सम्बन्ध—

"दर्शन शास्त्र और मनोविज्ञान"

इसमें दर्शन शास्त्र पहली दशा और मनोविज्ञान दूसरी दशा में सामान्य सम्बन्ध है। इसका वर्गांक R*oa*S है।

"वनस्पति और प्राणि विज्ञान में अन्तर"

इसमें वनस्पति विज्ञान पहली दशा और प्राणि विज्ञान दूसरी दशा में अन्तर सम्बन्ध है। वर्गांक R*od*S है।

"महाविद्यालय एवं विश्वविद्यालय पुस्तकालयों में अन्तर"

यह अन्तर पंक्ति अन्तर सम्बन्ध है। इसमें महाविद्यालय पहली दशा और विश्वविद्यालय पुस्तकालय दूसरी दशा है। वर्गांक 233*ow*4 है।

"हिन्दू धर्म का जैन धर्म पर प्रभाव"

यह अन्तर पक्ष दशा प्रभाव सम्बन्ध है। इसमें जैन धर्म प्रभावी हो रहा है। अतः पहली दशा है तथा हिन्दू धर्म प्रभावित कर रहा है अतः दूसरी दशा है। अतः वर्गांक Q3*or*2 होगा।

इसी प्रकार से अलग-अलग दशाओं में अलग-अलग विषयों को जोड़कर अनगिनत जटिल वर्गांक बनाये जा सकते हैं। इस कार्य में निपुणता लाने के लिये अभ्यास और प्रयास की आवश्यकता होती है।

10

अंकन

(NOTATION)

द्विबिन्दु वर्गीकरण में मिश्रित अंकन का प्रयोग किया गया है। इसमें जो विभिन्न अंक प्रयोग किये गए हैं वे निम्नानुसार हैं—

—रोमन लिपि वर्णक्रम के बड़े अक्षर	
A से Z	26 अंक
—रोमन लिपि वर्णक्रम के छोटे अक्षर	
i, l और o को छोड़कर a से z तक	23 अंक
—हिन्दी अरबी (Indoarabic) गणितीय	
अंक 0 से 9	10 अंक
—यूनानी अक्षर डेल्टा △	01 अंक
—योजक चिह्न) × ← × → × ∘ × ' × . × ; × ' × — (	11 अंक
कुल योग	71 अंक

पुस्तकों को अल्मारियों के खानों और सूची में सूची पत्रों को क्रम में व्यवस्थित करने के लिए द्विबिन्दु वर्गीकरण में उपयोग किए गए प्रत्येक अंक को एक निश्चित क्रम मूल्य दिया गया है। उस क्रम मूल्य द्वारा प्रत्येक प्रलेख को वर्गांक देकर क्रम में रखा जाता है। इन अंकों का बढ़ता हुआ क्रम मूल्य निम्नानुसार है—

1. योजक चिह्नों या सूचक अंकों का मूल्य सभी सार्थक अंकों, जो किसी विषय को दर्शाते हैं, से कम ही है।
2. सार्थक अंकों का क्रम मूल्य बढ़ते क्रम में निम्नानुसार है—

a—z, 0—9, A—M △ N—Z

उपर्युक्त से यह स्पष्ट है कि रोमन लिपि के वर्णमाला के छोटे अक्षरों

का मूल्य सबसे कम है। उसके बाद हिन्दी अरबी अंक 0—9 और सबसे अधिक मूल्य रोमन वर्णमाला के बड़े अक्षरों का है।

3. इन चिह्नों के अतिरिक्त गोल कोष्टक भी विषय युक्ति के लिए उपयोग किया जाता है और इसके दोनों भागों के अलग-अलग क्रम मूल्य है। पहले भाग यानी "(" आरम्भिक (Starter) का क्रमिक मूल्य सबसे अधिक अर्थात् 'Z' से भी अधिक है, और ")" बन्धक (Arrester) का मूल्य सबसे कम वापसी तीर "←" से भी कम है।
4. शून्य "०" का उपयोगानुसार अलग-अलग दो क्रमिक मूल्य दिए गए हैं।
5. प्रत्येक अंक का क्रमिक मूल्य बढ़ते क्रम में निम्नानुसार है—

)← → ० ' . : ; ,—a/z 0...9 A...M △ N...Z(
6. इतना ही काफी नहीं है, रंगनाथन ने इसके अतिरिक्त क्रम मूल्य के सम्बन्ध में कुछ अद्‌भुत और दिलचस्प नियम दिये हैं।

(अ) यदि किसी वर्गांक के साथ कोई भी रोमन लिपि का छोटा अक्षर (Anteriorising Common Isolate) पूर्ववर्ती सामान्य एकल के रूप में आता है तो इसका क्रमिक मूल्य कम हो जाता है। (नियम O251 पृष्ठ 1.6) जैसे—B*k*, B से पहले आयेगा इसी प्रकार 2:51p1,N75 अंक 2 : 51 से पहले आयेगा और GxMO9 अंक G से पहले आता है।

(ब) उपर्युक्तानुसार तीर पर भी यही नियम लागू होता है। उदाहरणार्थ 2 : 51 'N→ अंक 2 : 51 'N से पहले आयेगा।

वर्ग अंकों को व्यवस्थित करने की दृष्टि को समझने हेतु कुछ उदाहरणों को व्यवस्थित क्रम में नीचे दिया गया है—

2k 73, N	पुस्तकालय विज्ञान विश्वकोष
2x M92	रंगानाथन ग्रन्थावली
2	पुस्तकालय विज्ञान
2obT	शिक्षा के लिए पुस्तकालय
2'N→	पुस्तकालयों का बीसवीं शताब्दी में भविष्य
2'N	बीसवीं शताब्दी के पुस्तकालय
2.44	भारत के पुस्तकालय
2.44'N	बीसवीं सदी के भारतीय पुस्तकालय
2;17	पुस्तकालय मेनक्से
2:51	वर्गीकरण
2:51N3	कोलन वर्गीकरण

233	महाविद्यालय पुस्तकालय
24	विशेष पुस्तकालय
24(Q)	धार्मिक पुस्तकालय

प्रारम्भ में क्रमिक मूल्य समझना कठिन लगता है परन्तु यह कार्य थोड़े अभ्यास के पश्चात आसान हो जाता है। बहुत कम पढ़ा लिखा व्यक्ति पुस्तकालय में इस कार्य को थोड़ा प्रशिक्षण प्राप्त कर कर सकता है।

जो क्रम विचार स्थान (Idea plane) पर नियत जाता है उसी को व्यावहारिक रूप प्रदान कर उसको यंत्रवत किया जाता है।

11

स्थानीय विभिन्नता
(LOCAL VARIATIONS)

द्विबिन्दु वर्गीकरण एक व्यापक और मुखर प्रणाली है। इसमें प्रत्येक राष्ट्र या समाज की स्थानीय आवश्यकताओं को पर्याप्त स्थान दिया गया है। इस प्रणाली को निष्पक्ष, भेदभावरहित रखने, स्थानीय विषयों को पर्याप्त स्थान देने और छोटे वर्गांक बनाने के लिए रंगानाथन ने एक विधि दी है। इसका प्रयोग कर प्रत्येक राष्ट्र और समाज अपने विषयों को उचित स्थान प्रदान कर लेता है। इस विधि को स्थानीय विभिन्नता (Local Variations) कहते हैं।

द्विबिन्दु वर्गीकरण में स्थानीय विभिन्नता का प्रयोग विभिन्न स्थानों में निम्नानुसार किया गया है—

1. स्थान अनुसूची में प्रत्येक देश का एकल अंक दिया गया है, परन्तु वह देश अपना स्थान अन्य देशों से पहले बनाना चाहता है तो वह अनुसूची में दिये गए वास्तविक एकल अंक के स्थान पर एकल अंक "2" का प्रयोग कर सकता है। जैसे भारतीय पुस्तकालय भारत के लिए दिये "44" अंक के स्थान पर "2" का प्रयोग कर सकते हैं। इसी प्रकार संयुक्त राज्य अमेरिका "73" के स्थान पर "2" का प्रयोग कर सकता है। इसी तरह अन्य देश भी अपने लिए एकल अंक "2" का प्रयोग कर सकते हैं।

देश या राष्ट्र का अंक आगे जिस प्रकार से विभाजित किया गया है उसी प्रकार "2" का भी विभाजन कर सकते हैं। जैसे मध्य प्रदेश "4455" के स्थान पर "255" का उपयोग किया जा सकता है। कुछ उदाहरण देखें—

भारतीय संगीत "NR 44" के स्थान पर "NR 2"

संयुक्त राज्य अमेरिका के पुस्तकालय 2.73 के स्थान पर 2.2 का प्रयोग आसानी से कर सकते हैं।

2. रंगानाथन का मानना है कि प्रत्येक देश का अपना एक समर्थक देश होता है; इस कारण से समर्थक देश के लिए उन्होंने '3' अंक का प्रयोग किया है। वास्तव में किसी देश के समर्थक देश का चुनाव किया जाना आसान कार्य नहीं

है। फिर भी समर्थक देश उसे मानते हैं जिस देश से सम्बन्धित पाठ्य सामग्री (उसके अपने देश से सम्बन्धित पाठ्य सामग्री को छोड़कर) पुस्तकालय में अधिक उपलब्ध हो। उदाहरण के लिए ग्रेट ब्रिटेन से सम्बन्धित पाठ्य सामग्री यदि भारतीय पुस्तकालयों में अधिक उपलब्ध है तो भारत का समर्थक देश ग्रेट ब्रिटेन होगा और इसके लिए अनुसूची में दिये एकल अंक "56" के स्थान पर "3" का प्रयोग आसानी से कर सकते हैं और वर्ग अंक इस प्रकार बना सकते हैं—

ग्रेट ब्रिटेन का इतिहास V56 के स्थान पर V3

लन्दन का इतिहास V56124 के स्थान पर V3124

आदि-आदि वर्गांक आसानी से बना सकते हैं।

3. दर्शनशास्त्र विषय में विभिन्न देशों के दर्शन के लिए "R8" अंक दिया गया है। इसका उप-विभाजन भौगोलिक युक्ति द्वारा कर विभिन्न देशों के दर्शन के अंक बनाये जा सकते हैं। जैसे—

चीनी दर्शन R841

भारतीय दर्शन R844

अमेरिकी दर्शन R873 आदि-आदि।

समर्थक देशों के लिए उन्होंने दो एकल अंक "R6" और "R7" दिये हैं। "R6" अंक को भारतीय दर्शन के लिए प्रयोग कर इसकी एक अलग अनुसूची भी पृष्ठ 2.102 में दी है। इस प्रकार से "R7" अंक समर्थक देशों के लिए प्रयोग किया जा सकता है। भारत का समर्थक देश यदि यूनान हो तो यूनानी दर्शन के लिए "R851" के स्थान पर "R7" वर्गांक प्रयोग आसानी से किया जा सकता है।

4. समर्थक केन्द्र (Favoured Focus) द्वारा भी स्थानीय विभिन्नता प्राप्त करने की विधि रंगनाथन ने दी है। इस विधि द्वारा विशिष्ट पुस्तकालय अपने संग्रह के छोटे वर्गांक प्राप्त कर सकते हैं। पुस्तकालय अपने समर्थक विषय के लिए नियमानुसार डैश (—) का प्रयोग कर सकते हैं। जैसे यदि पुस्तकालय चावल की कृषि विषय पर अपनी विशेषता रखता है तो इसकी सभी पुस्तकों में "J381" वर्गांक अवश्य आयेगा और इस वर्गांक को (—) से हटा दिया जाता है और शेष एकल अंक ज्यों के त्यों रहेंगे। जैसे—

चावल की खेती के लिये हरी खाद

J381 : 21 के स्थान पर—: 21 वर्गांक होगा

चावल की खेती की कीड़ों से रोकथाम

J381 : 438 : 5 के स्थान पर—: 438 : 5 होगा

इसी प्रकार अन्य वर्ग अंक भी बनाये जा सकते हैं। भाषा और साहित्य में

इस विधि का प्रयोग कर उस भाषा के लिए (—) डैश का प्रयोग आसानी से किया जा सकता है जिसका साहित्य पुस्तकालय में अत्यधिक उपलब्ध है। उदाहरण के लिए हिन्दी भाषी पुस्तकालय हिन्दी एकल अंक के लिए (—) डैश का प्रयोग आसानी से कर सकते हैं। जैसे—

हिन्दी भाषा	P152	P—
हिन्दी साहित्य	O152	O—
हिन्दी कविता	O152,1	O·–,1
तुलसीदास	O152;1J34	O—,1J34

डैश (—) का क्रम मूल्य अन्य अंकों से कम है अतः इन वर्गांकों को अन्य से प्राथमिकता मिलती है।

इस प्रकार स्थानीय विभिन्नता से दूसरे विषयों को कोई हानि तो नहीं होती परन्तु अपने विषयों को प्राथमिकता अवश्य मिल जाती है।

12

गौरव ग्रन्थ

(CLASSICS)

ऐसे ग्रन्थ जो अन्य ग्रन्थों की उत्पत्ति के प्रेरणा स्रोत होते हैं उन्हें गौरव ग्रन्थ (Classics) कहते हैं। वास्तव में ये कृतियां जिसमें कि लेखक के व्यक्तित्व अथवा उसके अभिव्यक्ति की विधि और विषय की गम्भीरता इतनी लोकप्रिय हो जाती है कि अन्य कृतियों के लिए प्रेरणा स्रोत बन जाती है। ऐसी पुस्तकों को एक विशिष्ट स्थान और पृथकत्व प्रदान करने की अति आवश्यकता पड़ जाती है। रंगानाथन ने इन पुस्तकों के सभी संस्करण, अनुवाद रूपान्तरण को एक साथ व्यवस्थित किये जाने के लिए जोर दिया है तथा इसके लिए द्विबिन्दु वर्गीकरण के छठे संस्करण में पृष्ठ 1.59 से 1.61 तक विभिन्न नियम दिये हैं तथा इस पुस्तक के तीसरे भाग में कुछ प्रसिद्ध ग्रन्थों के बने बनाये अंक दिए हैं। इस पुस्तक के मुख्य वर्ग अंक या उस पुस्तक के लिए दिए गए वर्ग अंक को एक मुख्य वर्ग के समान दर्जा देकर उसका आगे उपविभाजन उसकी टीकाओं-रूपान्तरों के आधार पर किया है।

द्विबिन्दु वर्गीकरण की यह एक विशिष्ट विधि है। इससे मिलती-जुलती अन्य विधि किसी भी वर्गीकरण पद्धति में नहीं है। इस विधि को रंगानाथन ने (Classic Device) गौरव ग्रन्थ युक्ति (श्रेव्य युक्ति) भी कहा है।

इस विधि के आधार पर निम्नलिखित प्रकार की पुस्तकें संसर्ग अनुक्रम (Filiatory Sequence) में व्यवस्थित की जाती हैं।

—किसी विषय की गौरव पुस्तकें (Classic books) उसके विभिन्न संस्करण, टीकाओं के विभिन्न संस्करण, प्रत्येक टीका की टीकाओं के विभिन्न संस्करण आदि के अनुसार व्यवस्थित करते हैं।

वर्गांक बनाते समय उस ग्रन्थ के वर्गांक में सर्वप्रथम "*x*" अंक जो कि पूर्ववर्ती सामान्य एकल से लिया गया है, लगाया जाता है। यह "*x*" यहां क्लासिक को प्रदर्शित करता है। इसका आगे का पहलू सूत्र निम्न है—

x [P1], [P2], [P3], [P4]

[P1] क्लासिक पुस्तक का ग्रन्थकार/इसका अंक लोकप्रिय क्रम (Favoured Order) अथवा काल युक्ति (Chronological Devices) के आधार पर प्राप्त किया जाता है।

[P2] जिस प्रकार 'O' साहित्य में [P4] को अंक प्रदान करने की विधि दी गई उसी प्रकार यहां भी उपविभाजित किया जाता है।

[P3] इसमें टीका नम्बर प्रदान करते हैं जो कि [P1] के समान ही प्रदान किया जाता है।

[P4] उपटीका अंक [P3] के अनुसार प्रदान किया जाता है।

यह विधि धार्मिक ग्रन्थों एवं साहित्यिक ग्रन्थ को छोड़कर अन्य सभी प्रकार के गौरव ग्रन्थों के लिए प्रयोग करते हैं। वास्तव में ग्रन्थों को संकलन के सन्दर्भ में एक साथ एक ही स्थान में एक पुस्तक के सभी प्रकारों को एक साथ एकत्रित कर लिया जाता है।

नीचे का उदाहरण देखें, विषय समझ में आ सकेगा—

R625*x*1, 1 गौतम : न्याय सूत्र

R625*x*1, 1, 1 वैत्स्यायन : न्याय भाष्य

R625*x*1, 1, 1, 1 उद्योतकार : न्यायवर्त्तिका

R625*x*1, 1, 1, 1, 1 वकस्पति मिस्र : न्यायवर्तिका तात्पर्यतिका

R625*x*1, 1, 1, 1, 1, 1 उद्यानाचार्य : न्यायवर्तिका तात्पर्य परिशुद्धि

R625*x*1, 1, 2 जयन्त भट्ट : न्याय मंजरी

R625*x*1, 1, 3 विश्वनाथ पंचानन : न्यायसूत्राति

R625*x*1, 1, M10 राधामोहन भट्टाचार्य : न्याय सूत्र विवर्णन

13

अनुक्रमणिका
(INDEX)

अनुसूची में उपयोग किये गये सभी विषय और उसके उपविभाजनों की स्थिति का पता एक सुव्यवस्थित अनुक्रमणिका से चलता है। सेयर्स ने अनुक्रमणिका को अनुसूची का व्यवस्थित क्रम में वर्णानुवर्णिक कुंजी कहा है। अनुक्रमणिका का प्रमुख कार्य अनुसूची में उल्लिखित सभी अंकनों से युक्त विषयों तथा उसके सूक्ष्मतम उपविषयों, एकलों आदि के वर्गांक का ज्ञान कराना है। इससे वर्गीकरण करते समय, समय की बचत होती है।

अनुक्रमणिका दो प्रकार की होती है—

1. विशिष्ट अनुक्रमणिका (Specific index)
2. सापेक्ष अनुक्रमणिका (Relative index)

अनुसूची में उपयोग किए गए विषयों या विशिष्ट विषयों की अनुक्रमणिका को विशिष्ट अनुक्रमणिका कहते हैं। इसके विपरीत अनुसूची में उपयोग किए गए समस्त विषय और उसके पर्यायवाची शब्दों आदि का समावेश कर बनाई गई अनुक्रमणिका सापेक्ष अनुक्रमणिका कहलाती है। सापेक्ष अनुक्रमणिका का सबसे अच्छा उदाहरण ड्यूवी दशमलव वर्गीकरण प्रणाली है।

रंगानाथन ने अनुक्रमणिका की आवश्यकता महसूस नहीं की इस कारण से अनुसूची को काफी उपयोगी बनाकर अनुक्रमणिका पर जोर नहीं दिया। इसके बावजूद द्विबिन्दु प्रणाली में अनुसूची के साथ-साथ अनुक्रमणिका दी गई है। यह अनुक्रमणिका विषय सूची नहीं है; बल्कि एकलों के अंक और स्थिति की जानकारी प्रदान करने वाली सूची है।

हिन्दी भाषी छात्र, छात्रायें एवं ग्रंथालयी यदि इस अनुक्रमणिका का सही ढंग से उपयोग करना समझ लें तो उनके लिए द्विबिन्दु वर्गीकरण से वर्गांक बनाना बहुत आसान हो जायेगा। इसमें दी गई अनुक्रमणिकाओं की संख्या चार

है; जो निम्न हैं—

1. भौगोलिक अनुक्रमणिका
2. वनस्पति शास्त्र अनुक्रमणिका
3. प्राणिशास्त्र अनुक्रमणिका
4. मूल अनुक्रमणिका

इसमें प्रथम तीन अनुक्रमणिका स्थान एकलों के लिए, पौधों तथा प्राणियों के प्राकृतिक समूहों के लिए हैं। स्थान अनुक्रमणिका द्वारा किसी अपरिचित स्थान के एकल अंक ढूंढ़ने में आसानी होती है। पौधों एवं प्राणियों के जाति, प्रजातियों के नाम लैटिन भाषा में होने के कारण थोड़ी परेशानी अवश्य हो सकती है। परन्तु एकल अंक आसानी से मिल जाते हैं।

मूल अनुक्रमणिका समस्त विषयों, उपविषयों एवं एकलों आदि को वर्णानुवर्णित करके पक्षों, श्रेणियों और विषयों में स्थिति की जानकारी प्रदान करती हैं। इस अनुक्रमणिका में उन एकलों को सम्मिलित नहीं किया गया है जिन्हें भौगोलिक, वनस्पति एवं प्राणिशास्त्र की अनुक्रमणिका में स्थान दिया गया है। मूल अनुक्रमणिका में दी गई प्रविष्टियों को समझने के लिए निम्न बातों पर ध्यान देना आवश्यक है—

—अनुक्रमणिका में प्रथम अक्षर रोमन वर्णमाला के छोटे अक्षर हैं तो वे सामान्य एकल हैं।

—यदि प्रथम अक्षर रोमन वर्णमाला के बड़े अक्षर या गणितीय अंक हैं तो वे मुख्य वर्ग हैं।

—यदि प्रथम अक्षर रोमन वर्णमाला के बड़े अक्षर के साथ गणितीय अंक हैं तो वे प्रामाणिक वर्ग को दर्शाते हैं।

—बड़े कोष्ठक के अन्दर दिये गए संक्षिप्त रूप का विवरण निम्न है—

[ACI] पूर्ववर्ती सामान्य एकल (Anteriorising Common Isolate)

[BN] पुस्तक अंक (Book Number)

[LD] भाषा विभाजन (Language Division)

[PCEI] परवर्ती ऊर्जा सामान्य एकल (Posteriorising energy Common Isolate)

[ACI Asf] स्थान के पश्चात् उपयोग होने वाले पूर्ववर्ती सामान्य एकल (Anteriorising Common Isolale Applicable after space facet)

[ACI Atf] समय के बाद उपयोग होने वाले पूर्ववर्ती सामान्य एकल (Anteriorising Common Isolate Applicable after Time facet)

[E] ऊर्जा पक्ष (Energy facet)

[2E] द्वितीय आवर्तन की ऊर्जा (Second Round energy facet)

[PCPC1 Asf] स्थान के पश्चात् उपयोग होने वाले परवर्ती सामान्य व्यक्तित्व एकल (Posteriorising Personality Common Isolate)

[M] पदार्थ पक्ष (Matter facet)

[M2] दूसरे स्तर का पदार्थ (Second level matter facet)

[2M] दूसरे आवर्तन का पदार्थ (Second Round Matter)

[P] व्यक्तित्व पक्ष (Personality facet)

[P2] दूसरे स्तर का व्यक्तित्व (Second Level Personality facet)

[P3] तीसरे स्तर का व्यक्तित्व (Third Level Personality facet)

[2P] दूसरे आवर्तन का व्यक्तित्व (Second Round Personality facet)

[S] स्थान पक्ष (Space facet)

[T] समय पक्ष (Time facet)

संक्षिप्त रूप के साथ एकल अंक दिए गए हैं। इस प्रकार प्रत्येक विषय, उप-विषय एवं एकलों आदि की स्थिति का पता चल जाता है।

नीचे कुछ उदाहरण दिए जा रहे हैं उससे अनुक्रमणिका को समझने में आसानी होगी—

Administrative institution [PCPCI. Asf], *w*—

"Administrative" institution का एकल अंक "*w*" है जो कि व्यक्तित्व सामान्य एकल (Posteriorising Personality Common Isolate) में है और इसे स्थान के बाद उपयोग किया जायेगा।

Administrative Law Z [P2], 9298

इस "Administrative Law" का एकल अंक "9298" है जो कि मुख्य वर्ग "Z" Law के दूसरे स्तर के व्यक्तित्व [P2] में है।

Administrative Report [ACI Asf],v

Administrative report का एकल अंक "*v*" है जो कि पूर्ववर्ती सामान्य एकल हैं स्थान के बाद उपयोग होता है।

Agriculture J "J" कृषि Agriculture मुख्य वर्ग का अंक है।

Algebra B2 Algebra प्रामाणिक वर्ग में एकल अंक B2 है।

Allegiance V, W [E], 591—Allegiance का एकल अंक 591 है

जो 'V' इतिहास (History) और "w" राजनीतिशास्त्र (Political Science) के ऊर्जा पक्ष में है।

Allene E [P], 641 Allene का एकल अंक 641 'E' रसायन शास्त्र (Chemistry) के व्यक्तित्व [P] में है।

Arabic [LD] 28 Arabic का भाषा विभाजन में एकल अंक "28" है।

Arbitration X [E], 976. Z [P2], 7 [P3], 6.

Arbitration का एकल अंक "X" अर्थशास्त्र (Economics) के ऊर्जा पक्ष [E] '976' और 'Z' विधि (Law) के द्वितीय स्तर व्यक्तित्व [P2] के '7' के साथ तृतीय स्तर व्यक्तित्व [P3] में 16 है।

Archaeology [ACI Atf], y7. V [E], 71. Archaeology का एकल अंक पूर्ववर्ती सामान्य एकल समय के पश्चात उपयोग होने वाले में "y7" और "V" इतिहास (History) के ऊर्जा पक्ष [E] में 71 है।

Asrama [PCPCI Asf], f7. परवर्ती व्यक्तित्व सामान्य एकल में "f7" एकल अंक है जो कि स्थान के बाद प्रयोग किया जाता है।

Bacteria L [E], 4 [2P], 24. Bacteria का एकल अंक L "चिकित्सा शास्त्र" के ऊर्जा पक्ष [E] में "4" के साथ दूसरे आवर्तन के व्यक्तित्व [2P] में 24 है।

Braille a [P], 2 [M], 68. Braille का एकल अंक सामान्य ग्रंथसूची "a" के व्यक्तित्व [P] और "2" पुस्तकालय विज्ञान के पदार्थ [M] में 68 है।

Criticism [PCEI], g. Criticism का एकल अंक "g" परवर्ती ऊर्जा सामान्य एकल में है।

इस प्रकार समस्त विषय, उपविषय एकलों के अंक और उनकी स्थिति वर्णानुक्रम में दी गई है। उसके आधार पर वर्गांक बनाने में काफी सुविधा मिलती है।

14

Z–सामान्य मुख्य वर्ग
(GENERALIA CLASS)

इस मुख्य वर्ग के अन्तर्गत वे विषय आते हैं जो परम्परागत मुख्य वर्गों से अलग और नये होते हैं। वास्तव में ये विषय कई मुख्य विषयों के सहयोग का परिणाम हैं। जैसे "समाचार पत्र"। एक समाचार पत्र में राजनीति, अर्थशास्त्र, इतिहास, सभ्यता, साहित्य, व्यापार, विज्ञान, तकनीकी, शिक्षा आदि विषयों पर समाचार होता है। अतः इसे किसी विषय विशेष के साथ नहीं रखा जा सकता। इसी प्रकार विश्वकोष, जीवनियां, सूचीपत्र आदि विषय इसी श्रेणी में आते हैं।

ये विषय इतने अधिक और सर्वव्यापी हो गए हैं कि इनका अपना स्वयं का मुख्य वर्ग हो गया है। इस मुख्य वर्ग को सामान्य मुख्य वर्ग कहते हैं और इसे "z" से संकेतिक करते हैं। इस मुख्य वर्ग को आगे निम्नानुसार विभाजित कर वर्गांक बनाते हैं—

1. ऐसे व्यक्तियों को जिनका कई विषय पर समान रूप से एकाधिकार हो, के द्वारा लिखी पुस्तकें या उन पर लिखी पुस्तकों को इस वर्ग में रखकर आगे वर्णक्रम युक्ति के द्वारा विभाजित करते हैं। जैसे—

zG गांधी (Gandhiana)

zN नेहरू (Nehruana)

उपर्युक्त गांधी और नेहरू के लिए दिए अंक के अन्तर्गत उनके द्वारा लिखित अथवा उन पर लिखित समस्त प्रलेखों को जो कि विभिन्न विषयों पर क्यों न लिखे गये हों, एकत्रित कर लेते हैं। इसका आगे विभाजन विषय युक्ति द्वारा किया जाता है। जैसे—

सत्य की खोज : महात्मा गांधी

zG (R294)

राजनीति पर गांधी के विचार

zG (W)

इसी प्रकार अन्य व्यक्तियों की कृतियों आदि का संग्रह किया वर्गांक प्रदान किया जा सकता है।

2. जब किसी प्रलेख में विषयों का संकलन किसी देश के आधार पर किया जाय तो इस मुख्य वर्ग के अन्तर्गत उन विषयों को लाकर आगे विभाजन भौगोलिक युक्ति के आधार पर किया जाता है।

z 44 भारतीय विषय (Indiana)

z 73 अमेरिकी विषय (Americana)

3. विषय सामान्य एकल से सम्बन्धित हो, जैसे सामान्य ग्रन्थ सूची, सामान्य कोष आदि तो उन्हें इस मुख्य वर्ग "*z*" के अन्तर्गत रखते हैं। जैसे—

za सामान्य ग्रंथ सूची

zm सामान्य पत्रिका

zw सामान्य जीवनी

रंगानाथन ने द्विबिन्दु वर्गीकरण के पृष्ठ 1.62 में नियम *az*4 में परिवर्ती सामान्य एकल के साथ "*z*" का प्रयोग नहीं करने को बताया है। और उपर्युक्त अंक इस प्रकार होंगे—

za केवल *a* सामान्य ग्रंथ सूची

zm केवल *m* सामान्य पत्रिका

zw केवल *w* सामान्य जीवनी

इस प्रकार इन परिवर्ती समान्य एकलों को मुख्य वर्ग के समान स्तर देकर इनके अलग-अलग पहलू सूत्र दिए गए हैं। इसकी विस्तृत विवेचना इस पुस्तक के अध्याय आठ में की जा चुकी है।

4. सामान्य ग्रंथ सूची "*za*" अर्थात "*a*" मुख्य वर्ग की अपनी अलग अनुसूची है। किसी विषय विशेष की ग्रंथ सूची (छोटी, बड़ी, व्यापारिक, पुस्तकालयीन आदि) का वर्गांक बनाने के लिए "*a*" का प्रयोग विषय के साथ करते हैं जैसे—

V*a* इतिहास की ग्रंथ सूची

2*a* पुस्तकालय विज्ञान की ग्रंथ सूची

लेकिन ऐसी ग्रंथ सूची जिसमें कोई एक विषय न हो उसे इस मुख्य वर्ग के अन्तर्गत रखते हैं। इसका अपना अलग पहलू सूत्र है जो कि निम्न है—

a [P], [P2] [P3], [P4]

इसमें [P] प्रलेख के बाह्य स्वरूप का प्रकार है।

[P2] ग्रंथ सूची जारी करने वाले क्षेत्र का प्रकार है।

[P3], [P4] यह [P2] पहलू के ऊपर निर्भर है अर्थात यह [P2] के अनुसार बदलते रहते हैं। [P2]

के किस एकल अंक के साथ कौन से एकल अंक [P 3], और [P4] में होंगे इनकी सारणी पृष्ठ 1.63 पर दी गई है।

इसे समझने के लिए निम्न उदाहरणों पर ध्यान दें—

हस्तलिखित पुस्तक की सूची *a*12

सन्दर्भ ग्रंथों की सूची *a*47

नक्सों की पुस्तक विक्रेता सूची *a*17,4

किसी पुस्तक विक्रेता एवं प्रकाशक के ग्रंथों की सूची वर्णानुक्रम युक्ति द्वारा अलग-अलग की जाती हैं।

पुस्तक सदन के पुस्तकों की सूची

a 46,3 पु

भारत में प्रकाशित समाचार पत्रों की सूची

a 44,144

यहां [P2] लुप्त है तथा 44 [P3] है, नियमानुसार "1" का विभाजन भौगोलिक युक्ति द्वारा किया जाना है।

हिन्दी भाषा की पुस्तकों की सूची

a 3152

यहां [P] "3" का विभाजन भाषानुसार करना है। भाषा एकल अध्याय 5 पृष्ठ 2.26 से लेना है। यहां हिन्दी का एकल अंक 152 दिया है।

भारतीय राष्ट्रीय ग्रंथ सूची (INB)

(1957 में स्थापित)

a 14,144, N57

यहां [P4] निदेशानुसार कालयुक्ति से लिया गया है।

हिन्दी अनुवाद रूसी पुस्तकों की सूची

a 95142-152

[P] 95 का विभाजन प्रथम रूसी भाषा से किया गया है फिर हिन्दी भाषा का एकल अंक अध्यारोपण युक्ति द्वारा लिया गया है।

शोध प्रबन्ध की पुस्तकालय ग्रंथ सूची

*a*494,2

15

2–पुस्तकालय विज्ञान

(LIBRARY SCIENCE)

यह एक नया विषय है, जो कि मुख्य वर्ग का दर्जा प्राप्त किया है। इसके अन्तर्गत प्रलेखों के रखरखाव, उपयोग के ढंग आदि का अध्ययन किया जाता है। इस मुख्य वर्ग का पहलू सूत्र (Facet formula) निम्नानुसार है—

2 [P]; [M] : [E] [2P]

[P] पुस्तकालय के प्रकार हैं। विभिन्न प्रकार के पुस्तकालय इस श्रेणी में आते हैं। इसमें "4" विशिष्ट पुस्तकालयों के लिए एकल अंक दिया है इसका आगे उपविभाजन विषय युक्ति द्वारा कर विशेष प्रकार के पुस्तकालयों के वर्ग अंक तैयार किए जाते हैं।

[M] विभिन्न प्रकार के प्रलेख जिनका कि संग्रह विभिन्न प्रकार के पुस्तकालयों में किया जाता है, हैं। पृष्ठ 2.30 में दिए निर्देश के अनुसार इसे "*a*" सामान्य ग्रंथ सूची की अनुसूची पृष्ठ 2.29 में दिए गए [P] से लेना है।

[E] [2P] पुस्तकालयों के दैनिक प्रयोग विधियों का अंकन किया गया है।

इसे समझने के लिए निम्न उदाहरण देखें

महाविद्यालय पुस्तकालय 233

महाविद्यालयीन पुस्तकालयों में सहकारिता

233 : 4

भारतीय महाविद्यालय पुस्तकालयों में सहकारिता

233 : 4.44

विश्वविद्यालय पुस्तकालय में हस्तलिखित पुस्तकों का सूचीकरण

234;12 : 55

अमेरिका का राष्ट्रीय पुस्तकालय (लाइब्रेरी आफ कांग्रेस का पुस्तकालय)

213.73

बाल पुस्तकालय में समाचार पत्रों का चयन

261 ; 44 : 1

स्पेन में बच्चों के लिए लोक पुस्तकालय

22-61.541

बीसवीं शताब्दी में समाजवादी देशों में लोक पुस्तकालयों का प्रबन्ध

22 : 8.1 (W691) 'N

1991 में शासकीय विभागों के पुस्तकालयों में प्रलेखन

248 : 9.7 'N91

निर्देशानुसार '4' अंक का उपविभाजन विषयानुसार विषय युक्ति से कर विषय पुस्तकालय का वर्ग अंक बनाये जा सकते हैं। जैसे—

24 (L) चिकित्सा पुस्तकालय

24 (N) ललित कला पुस्तकालय

मुस्लिम धर्मार्थ पुस्तकालय का प्रबन्ध 24 (Q7) : 7

द्विबिन्दु वर्गीकरण पर विशेष पुस्तकालय

24 (2 : 51N3)

अलग-अलग वर्गीकरण प्रणालियों एवं सूचीकरण कोड के वर्गांक काल युक्ति द्वारा बनाये जाते हैं। जैसे—

ड्यूवी का दशमलव वर्गीकरण 2 : 51M

राइडर्स इन्टरनेशनल वर्गीकरण प्रणाली 2 : 51N6

द्विबिन्दु वर्गीकरण 2 : 5 N3

इसी प्रकार सूचीकरण कोड के वर्ग अंक बनाये जा सकते हैं; जैसे—

कटर के सूचीकरण के नियम

2 : 55M

एंग्लो अमेरिकन सूचीकरण नियम (1967)

2 : 55N67

जब ऊर्जा पक्ष '51' वर्गीकरण हो तो [2P2] को विषय युक्ति द्वारा लेना है और विषय युक्ति के अंक को ऊर्जा के लगाते समय '9' अंक और कामा (,) लगाना आवश्यक है। जैसे—

गणित विषय का वर्गीकरण

2 : 51, 9 (B)

ललित कला विषय की पुस्तकों का द्विबिन्दु वर्गीकरण द्वारा वर्गीकरण

2 : 51N3, 9(N)

16

B-गणित

(MATHEMATICS)

यह मुख्य वर्गों में सबसे प्राचीन विषय है। इस मुख्य वर्ग को सर्वप्रथम इसके प्रामाणिक वर्गों में विभाजित किया गया है। खगोल विज्ञान को इस वर्गीकरण प्रणाली में गणित विषय के अन्तर्गत रखा है, जबकि अन्य प्रणालियों में इसको स्वतंत्र वर्ग माना गया है। इसके प्रामाणिक उप वर्ग निम्न हैं—

B1 अंकगणित (Arithmatic)
B2 बीजगणित (Algebra)
B3 विश्लेषण (Analysis)
B4 अन्य विधियां (Other methods)
B5 त्रिकोणमिती (Trignometry)
B6 रेखागणित (Geometry)
B7 यंत्रविज्ञान (Mechanics)
B8 भौतिक गणित (Physicomathematics)
B9 खगोल विज्ञान (Astronomy)

प्रत्येक प्रामाणिक वर्गों के अपने-अपने अलग-अलग पहलू सूत्र दिये गये हैं; तथा उसके अलग-अलग एकल अंक भी दिये हैं। उनका उपयोग उन्हीं प्रामाणिक वर्गों के अन्तर्गत ही करना है। इस मुख्य वर्ग से सम्बन्धित कुछ उदाहरणों को देखिये जो आपको समझने में सहायक होंगे।

साधारण समीकरणों का संख्यात्मक हल B231 : 1
उच्च बीजगणित B25
सांख्यकी विज्ञान B28
सम्भाविकी B281
प्रथम स्तर के गणितीय अर्द्ध अवकलन समीकरण
B334, 3, 1

मिश्रित चर B38
अनुकूल समीकरण B335
अनन्त श्रृंखला B36
वास्तविक चर B37
रेखागणित B6
त्रिदिशीय शुद्ध रेखागणित B63 : 6
आर्कमडीज का सिद्धान्त B7 : 15
आकाशगंगा B9641
सूर्यग्रहण B93 : 57
गणित विश्लेषण B3
चन्द्रमा का भार B92 : 622
मंगल ग्रह की आयु B943 : 67
पुच्छल तारों की बनावट B952 : 68

17

C-भौतिक विज्ञान

(PHYSICS)

गणित मुख्य वर्ग के समान ही इस मुख्य वर्ग के भी प्रामाणिक वर्ग हैं; और प्रत्येक वर्ग के अपने-अपने अलग-अलग पहलू सूत्र एवं एकल अंक हैं, जिसका कि उसी प्रामाणिक वर्ग के अन्तर्गत प्रयोग किया जाता है। प्रामाणिक वर्ग निम्न हैं—

C1 मूल तत्व (Fundamentals)
C2 पदार्थ के गुण (Properties of Matter)
C3 ध्वनि (Sound)
C4 ताप (Heat)
C5 प्रकाश (Light), किरणें (Radiation)
C6 विद्युत (Electricity)
C7 चुम्बकीय (Magnetism)
C8 ब्रह्माण्ड परिकल्पना (Cosmic Hypothesis)

इस प्रामाणिक वर्ग के अतिरिक्त इसमें भौतिक विज्ञान के विशेष क्षेत्र एवं विभिन्न प्रणालियां भी हैं जो कि निम्नानुसार हैं—

C9A विशेष क्षेत्र (Special)
C9B1 आणुविक किरण (Molecular Ray)
C9B2 परमाणु (Atom)
C9B3 न्यूक्लियस (नाभिकीय) (Nucleus)
C9B4 बीटा किरण (β Ray)
C9B5 इलेक्ट्रॉन (Electron)
C9B6 सतह भौतिकी (Surface Physics)
C9B71 उच्च निर्वात (High Vacuum)
C9B78 उच्च दाब (High Pressure)

C9D1 न्यून तापमान (Low temperature)
C9D8 उच्च ताप (High temperature)
C9F1 न्यूनतम अन्त:शक्ति (Low potential)
C9F8 उच्च अन्त:शक्ति (High potential)
CA प्रणालियां (काल युक्ति द्वारा विभाजन)
CK गुरुत्व सिद्धान्त (Gravity theory)
CM अणुगति सिद्धान्त (Kinetic theory)
CM6 ईथर सिद्धान्त (Ether theory)
CM65 विद्युत चुम्बकीय सिद्धान्त (Electromagnetic theory)
CM9 इलेक्ट्रानिक सिद्धान्त (Electronic theory)
CM96 रेडियो एक्टिविटी (Radio activity)
CN सापेक्षता (Relativity)
CN1 क्वान्टम सिद्धान्त (Quantum theory)
CN2 तरंग यंत्र (सांख्यकी तंत्र) (Wave Machanics/Statistical mechanics)

नाभिकीय विशेष क्षेत्र (Nucleus Special) के लिए पृष्ठ 2.39 में अपना अलग व्यक्तित्व [P] एवं ऊर्जा [E] [2P] एकल अंक दिया है जो उसी क्षेत्र के साथ यानी C9B3 के साथ ही प्रयोग किया जाना है। जैसे—

न्यूट्रान की गति C9B3,1 : 21
कास्मिक किरणों का परावर्तन C9B3,8 : 22

यहां यह बात ध्यान देने योग्य है कि यदि व्यक्तित्व श्रेणी के साथ विशेष क्षेत्र एवं प्रणालियां आती हैं तो मुख्य वर्ग के बाद प्रणाली, उसके बाद विशेष क्षेत्र और अन्त में व्यक्तित्व आयेगा। इन तीनों को एक-दूसरे से अलग करने के लिये कामा (,) का प्रयोग आवश्यक है। इस मुख्य वर्ग से सम्बन्धित कुछ उदाहरण नीचे दिये गये हैं जो और अधिक विषय और उसके वर्गांकों को समझने में सहायक होंगे।

श्रव्य ध्वनि की गति C31 : 21
ध्वनि का सिद्धान्त C3 : 8
पराध्वनि का वेग C35 : 21
धीमी ध्वनि का आवर्तन C32 : 23
ताप संचालन C4 : 2
ताप गतिशीलता C4 : 7
लाल प्रकाश किरणों का परिवहन C512 : 22
कमजोर करंट की विद्युत का उत्पादन C625 : 1

कम तापीय भौतिकी C9D1
गुरुत्व सिद्धान्त CK
नोबल पुरस्कार विजेता रमन (जन्म 1888)
CwM88
परमाणु भौतिकी पर अखिल भारतीय गोष्ठी
(दिल्ली 1983)
C9B2p44, N83

18

D-अभियांत्रिकी

(ENGINEERING)

इस मुख्य वर्ग में अलग-अलग यंत्रों की बनावट और उसके कार्य करने की विधि का अध्ययन किया जाता है। इस द्विबिन्दु वर्गीकरण प्रणाली में अभियांत्रिकी मुख्य वर्ग का क्षेत्र कुछ छोटा रखा गया है। इसके कुछ भाग को "F" तकनीकी (Technology) और "M" लाभदायक कला (Useful arts) मुख्य वर्ग में रखा गया है इसीलिए इन्हें अभियांत्रिकी का पूरक मुख्य वर्ग भी कहते हैं। इसका तात्कालिक विभाजन प्रामाणिक वर्गों में तो नहीं किया गया है परन्तु व्यक्तित्व श्रेणी का प्रथम विभाजन जिस प्रकार से किया गया है वह उसके प्रमाणिक वर्गों की भांति ही प्रतीत होते हैं। यह विभाजन निम्नानुसार है—

D1 सिविल इन्जीनियरिंग (Civil Engineering)
D2 सिंचाई एवं नहरी कार्य (Irrigation and drainage)
D3 भवन (Building)
D4 परिवहन (Transport) सड़क (Track)
D5 परिवहन वाहन (Transport-Vehicle)
D6 यांत्रिकी अभियांत्रिकी (Mechanical Engineering)
D635 जल अभियांत्रिकी (Hydraulic Engineering)
D64 ताप अभियांत्रिकी (Heat Engineering)
D65 इलेक्ट्रानिक (Electronic)
D66 विद्युत (Electrical)
D7 न्यूक्लियर (Nuclear Engineering)
D8 म्यूनिसिपल अभियाँत्रिकी (Municipal Engineering)
D85 पेय जल की सप्लाई (Water Supply)

इस विषय का सामान्य पहलू सूत्र निम्नानुसार है—

D[P], [P2] : [E] [2P]

इसमें [P] कार्य या यंत्र का प्रकार है।

[P2] कार्य या यंत्र का भाग है। प्रत्येक [P] के अलग-अलग [P2] एकल दिये गये हैं। इस प्रकार के एकलों से बने पक्ष को भेदक पक्ष या पहलू (Differential facet) कहते हैं। कुछ [P2] एकल विषय युक्ति के द्वारा बनाये जा सकते हैं।

[E] [2P) अभियांत्रिकी का तकनीकी कार्य, मुरम्मत आदि है।

इस मुख्य वर्ग से सम्बन्धि कुछ उदाहरण निम्न हैं—

भवन की नींव D3,2

रेलवे प्लेटफार्म की देखभाल D415,87 : 82

रेल डिब्बों के दरवाजों की मरम्मत D5153,68 : 85

पेय जल की सफाई D855

सीधी विद्युत धारा का उत्पादन D663,1

विद्युत का संचारण D66,2

बेतार इलेक्ट्रॉनिक D65,4

दूरदर्शन D65,45

नहरों के मुख्य कार्य का सर्वेक्षण D26,2 : 2

विद्युत अभियांत्रिकी का सिविल अभियांत्रिकी पर प्रभाव D1 or 66 (यह अन्तर पंक्ति प्रभाव सम्बन्ध है)

अभियांत्रिकी महाविद्यालय, रीबा D.448111, e4, अ

परिवहन अभियांत्रिकी पर सूत्रीपत्र (1922 तक) D4aN3

इलेक्ट्रॉनिक कम्प्यूटर D6,8 (B)

टेक्सटाइल मशीन D6,8 (M7)

डेयरी मशीन D6,8 (KZ31 : 71)

इस मुख्य वर्ग के [P] '66' इलेक्ट्रिकल इन्जीनियरिंग के लिये अपना एक अलग सामान्य एकल 'e' है जिसका उपविभाजन पृष्ठ 2.45 दिया है। आवश्यकतानुसार इसका उपयोग कर वर्गांक बनाया जाता है। जैसे—

विद्युत वाटमीटर D66e41

19

E-रसायन विज्ञान

(CHEMISTRY)

रंगानाथन ने इस मुख्य वर्ग को इसके प्रामाणिक वर्ग अकार्बनिक रसायन, कार्बनिक रसायन और भौतिक रसायन आदि में विभाजित तो नहीं किया परन्तु उनके विभाजन की प्रक्रिया इस मुख्य वर्ग के प्रामाणिक वर्गों जैसे ही है।

E1 से E4 तक अकार्बनिक रसायन

E5 से E998 तक कार्बनिक रसायन

भौतिक रसायन को ऊर्जा श्रेणी में रखा है।

इस मुख्य वर्ग का पहलू सूत्र (Facet formula) निम्न है—

E [P], [P2] : [E] [2P], [2P2]

[P] रासायनिक वस्तु है। एकल अंक '1' के उपविभाजन में मूल तत्व रखे गये हैं। शेष एकलों में अन्य रासायनिक वस्तुयें हैं।

[P2] केवल कार्बनिक रासायनिक वस्तुओं का धात्विक यौगिक है।

[E] [2P) रसायनिक क्रियायें आदि हैं।

[2P2] यह एक अलग पहलू है, जो मात्र रासायनिक विश्लेषण 'E : 3' के लिये है। यह रासायनिक विश्लेषण के अलग-अलग तरीके हैं।

इसमें एक मात्र विशेष क्षेत्र दिया गया है जो कि जीव रसायन E9G है।

इसमें कुछ उदाहरण निम्न हैं—

हाइड्रोजन का परमाणु भार E110 : 14

गंधक की संयोजकता E16L : 215

रासायनिक घोल E : 22

यूरेनियम कारेडियो रसायन E1691 : 296

विटामिन ए की घुलनशीलता E971 : 2201

अम्लों का सरल गुणनात्मक विश्लेषण E3 : 33,3

ताप रासायनिक विश्लेषण E : 3,D

कार्बनिक वस्तुओं के रवे E5 : 831
रासायनिक संश्लेषण E : 4
कार्बनिक अम्ल E5,3
रासायनिक अणुओं की रचना E : 218
मिथाईल ईथर E611,281
कार्बनिक भौतिक रसायन E5 : 2
भौतिक रसायन का कार्बनिक रसायन पर प्रभाव E50g E : 2
(यह अन्तर विषय प्रभाव सम्बन्ध है)
जीव रसायन विश्लेषण E9G : 3
चर्बी का जीव रसायन E9G,94
भारतीय रसायन सोसाइटी (स्थापना 1939) E. 44, g, 9N30
महान रसायन शास्त्री मेडम क्यूरी की जीवनी
(1867-1934) EwM67
केमिकल सोसाइटी लन्दन (स्थापना 1841) E.56,f,9M
केमिकल अब्स्ट्रेक्ट्स (प्रारम्भ 1907) Eam 73, N07

अकार्बनिक पदार्थ

अकार्बनिक रसायन में तत्वों को सूचीबद्ध करके उनके एकल अंक अनुसूची में दिये गये हैं। ये एकल अंक तीन प्रकार के अंकों से मिलकर बने हैं। इनमें से प्रथम अंक अकार्बनिक पदार्थ हेतु है, द्वितीय अंक उसके आवर्त समूह का है और तीसरा उस तत्व के लिए है जो आवर्त सारिणी में उसकी स्थिति बताता है। उदाहरण के लिये क्लोरीन (Cl) का एकल अंक '171' है, इसमें

1– अकार्बनिक पदार्थ
7—सातवें आवर्त के लिये
1—दूसरी स्थिति के लिये है।

जिन तत्वों को सूचीबद्ध नहीं किया है उनके अंक भी इसी विधि से बनाये जा सकते हैं।

अकार्बनिक यौगिकों के एकल अंक नहीं बनाये गये हैं; लेकिन इनके अंकों को निर्मित करने के लिए रंगानाथन ने एक सूत्र या विधि दी, उसके आधार पर समस्त यौगिकों के अंकों का निर्माण आसानी से किया जा सकता है। इस विधि के अनुसार सर्वप्रथम यौगिक के गुणों की पहचान आवश्यक है और वे गुण क्षार, अम्ल और लवण हैं। इन तीनों गुणों के लिये अनुसूची में निम्न अंक प्रदान किये गये हैं—

2 क्षार (हाइड्राक्साइड, आक्साइड)

3 अम्ल

4 लवण

गुण की पहचान के बाद यौगिक किन तत्वों से मिलकर बना है इसकी पहचान करना है। उदाहरण के लिए पोटेशियम हाइड्राक्साइड एक क्षार है और पोटेशियम तत्व से मिलकर बना है। इसकी पहचान होने के पश्चात् तत्व का अंक जो अनुसूची में दिया है उसमें से अकार्बनिक पदार्थ के अंक '1' को हटाकर शेष अंक को क्षार के अंक से जोड़कर पोटेशियम हाइड्राक्साइड का अंक बना लेंगे।

क्षार का अंक 2

पोटेशियम का अंक 12 (1) के हटाने के बाद

पोटेशियम हाइड्राक्साइड (KOH) का अंक 212 हुआ।

इसी प्रकार पानी (H_2O) या (HOH) 210

FeOH 282

इसी प्रकार किसी तत्व के आक्साइड का अंक बनाना हो तो उसमें उस तत्व की संयोजकता का अंक जोड़कर एकल अंक बना लेंगे। जैसे—

हाइड्रोजन पराक्साइड (H_2O_2)

आक्साइड	2
हाइड्रोजन	10
संयोजकता	1
एकल अंक	2101 हुआ

इसी प्रकार सोडियम आक्साइड 2111

FeO	2822	
Fe_2O_3	2823	यहां लोहे की संयोजकता '3' है।

अम्ल का एकल अंक भी उपर्युक्तानुसार तत्व अंक और संयोजकता के आधार पर बनाया जा सकता है। जैसे—हाइड्रोक्लोरिक अम्ल

अम्ल	3
क्लोरीन	71
संयोजकता	1
एकल अंक	3711

इसी प्रकार नाइट्रिक अम्ल HNO_3 3505

लवण का एकल बनाते समय लवण के एकल अंक '4' में क्षारीय तत्व और अम्लीय तत्व दोनों के अंक लगा लिये जाते हैं। जैसे—

नमक (NaCl)
लवण 4
सोडियम (क्षारीय तत्व) 11
क्लोरीन (अम्लीय तत्व) 71
एकल अंक (NaCl) 41171
इसी प्रकार जिक सल्फाइड (ZnS) 42361
कुछ उदाहरण अकार्बनिक रसायन से सम्बन्धित देखें—
नाइट्रिक अम्ल का संश्लेषण E3505 : 4
विद्युतीय विधि द्वारा पानी का गुणात्मक विश्लेषण
E210 : 33,F

20

F-उद्योग विद्या (तकनीकी)

(TECHNOLOGY)

इस मुख्य वर्ग का शाब्दिक अर्थ काफी विस्तृत है। परन्तु रंगानाथन ने इसे मात्र रासायनिक उद्योग तक ही सीमित कर दिया है। दूसरे शब्दों में इस मुख्य वर्ग में केवल रासायनिक बस्तुयें ही आती हैं। इसका पहलू सूत्र (Facet formula) निम्न है—

F [P] : [E] [2P]

[P] रासायनिक वस्तु है। इसके कुछ एकल तो अनुसूची में दिये गए हैं शेष एकल रसायन शास्त्र 'E' की [P] से लाना है।

[E] [2P] रासायनिक उद्योग में उपयोग आने वाली अलग-अलग तकनीक, विधियां आदि हैं। इसे पृष्ठ 1.77 में दिये नियम F2 के आधार पर रसायन शास्त्र के ऊर्जा एकल '8' के उपविभाजन से लिये जाने हैं। परन्तु उपयोग किये जाते समय '8' को छोड़कर शेष अंकों का प्रयोग करना है।

कुछ उदाहरण देखें—

औद्योगिक आक्सीकरण F : 1

रसायन विज्ञान 'E' में आक्सीकरण का ऊर्जा में एकल अंक '81' है। नियमानुसार '8' को छोड़कर केवल '1' का प्रयोग किया गया है।

शराब का सीधा खमीरीकरण F54 : 71

रंगरोगन F58

साबुन बनाना F9496

जल आसवन की तकनीक F210 : 35

औद्योगिक नमक F4

अम्ल तकनीक F3

ज्वलन तकनीक F55

प्लास्टिक में शोध F52 : f

मालवा डिस्टिलरी F54.4455, h, म
(यह शराब बनाने का औद्योगिक क्षेत्र है)
भारत में साबुन उद्योग के आंकड़े (1975 में)
F9496.44 'N 75s
भारतीय तकनीक पत्रिका Fm44, N75
डालमिया बिस्कुट फैक्टरी (राजपुरा)
F53. 4443, h, डा
तकनीक और रसायन विज्ञान में अन्तर EodF
तकनीक पर रसायन विज्ञान का प्रभाव FogE
उद्योग के लिए रसायन EobF

21

G-जीव-विज्ञान

(BIOLOGY)

इस मुख्य वर्ग में सभी जीव चाहे वह वनस्पति हो या प्राणि की समस्याओं, तौर-तरीकों, प्रकारों आदि का अध्ययन किया जाता है। सैद्धान्तिक रूप में "I" वनस्पति विज्ञान और "K" प्राणिविज्ञान "G" जीवविज्ञान के भाग हैं। लेकिन इन विषयों का इतना अधिक प्रचार-प्रसार हो चुका है कि इन्हें एक अलग मुख्य वर्ग का दर्जा दिया गया है। इस मुख्य वर्ग के अन्तर्गत सभी जीवों का संयुक्त अध्ययन किया जाता है। इस मुख्य वर्ग का पहलू सूत्र (Facet formula) निम्न है—

G[P]:[E][2P];[2M]

[P] जीवों के अंग या विशिष्ट समूह हैं।

[E] [2P] जैविक समस्यायें, रहन-सहन आदि हैं। ऊर्जा पहलू में "12-प्राकृतिक इतिहास" से लेकर "18 सूची" तक के एकल अंकों का प्रयोग करते समय स्थान श्रेणी का प्रयोग अवश्य करना होगा अन्यथा विषय अधूरा रहेगा।

[2M] दूसरे आवर्तन में पदार्थ केवल ऊर्जा पहलू के एकल अंक "33" और "34" के साथ या इनके उपविभाजन के साथ उपयोग किया जाना है। इसे "E रसायन शास्त्र" के व्यक्तित्व [P] से अथवा विषय युक्ति से लेना है।

कुछ उदाहरण निम्नानुसार हैं—

जीवों में चाय की प्रतिक्रिया G : 33; (J451)

यहां चाय [2M] है नियमानुसार विषय युक्ति से लिया गया है।

जीवों में अलकोहल की क्रिया G : 33, (F54)

आक्सीजन का ऊतकों में भौतिक प्रभाव G12:33C; 160

भारत के जीव-जन्तु और वनस्पतियां G:12.44

हिमालय पर्वत की शरद ऋतु की वनस्पतियां एवं जीव-जन्तु

G:13. 4. g7 H 'n5

नाभिक अम्ल की सूक्ष्म फोटोग्राफी G1133:1995

शरीर रचना पत्रिका (भारत 1972+) G:2m 44, N72

जीव उत्पत्ति G:66

डार्विन का उत्पत्ति सिद्धान्त G:66M

(इसको विचारधारा मानकर कालयुक्ति द्वारा विभाजन किया गया है)

परिस्थिति विज्ञान G:5

परिस्थिति विज्ञान पर प्रयोगात्मक शोध G:5:f3

जंगल का संरक्षण G95124:527

इस मुख्य वर्ग में कुछ विशेष क्षेत्र भी हैं, जो नियम के अनुसार अनुसूची के अन्त में हैं।

G9B भ्रूण (Embryo)

G9C शिशु (Child)

G9D किशोर (Adolescent)

G9E वृद्ध (Old age)

नियमानुसार यदि व्यक्तित्व [P] पहलू भी विशेष के साथ आता है तो दोनों के बीच कामा (,) का प्रयोग किया जायेगा।

गर्भ कोषिका G9B, 11

अनुवांशिकी G:6

बच्चों की अनुवांशिकी G9C:6

सूक्ष्म जीव विज्ञान G91

डार्विन की जीवनी (जन्म 1809) GwMO9

सूक्ष्म जीव विज्ञान पर अन्तर्राष्ट्रीय गोष्ठी (अमृतसर) (1991), G91p1, N91

22

H-भू-विज्ञान
(GEOLOGY)

रंगानाथन ने इस मुख्य वर्ग को सबसे पहले उसके प्रामाणिक वर्गों में विभाजित किया है, जो कि निम्न हैं—

H1 खनिज विज्ञान (Mineralogy)
H2 शिला (पत्थर) विज्ञान (Petrology)
H3 रचनात्मक भू-विज्ञान (Structural Geology)
H4 गत्यात्मक भू-विज्ञान (Dynamic Geology)
H5 स्तरित शैल विज्ञान (Stratigraphy)
H6 पुरातन भू-विज्ञान (Palaeontology)
H7 आर्थिक भू-विज्ञान (Economic Geology)
H8 ब्रह्माण्ड की उपकल्पना (Cosmic Hypothesis)

इन सभी प्रामाणिक वर्गों के अपने अलग-अलग पहलू सूत्र हैं। रचनात्मक भू-विज्ञान 'H3', गत्यात्मक-भू-विज्ञान 'H4' एवं स्तरित शैल विज्ञान 'H5' का आगे उपविभाजन दिया है। इसमें अन्य श्रेणियां ऊर्जा आदि नहीं हैं। अन्य प्रामाणिक वर्गों के विभाजन और उनके अन्तर्गत विषयों के वर्गांक निम्न प्रकार से दिये जाते हैं।

H1 खनिज विज्ञान (Mineralogy)

इसमें खनिज पदार्थों एवं भूमि से निकलने वाले बहुमूल्य पत्थरों आदि का अध्ययन किया जाता है। इसका पहलू सूत्र (Facet formula) निम्न है—

HI [P] : [E] [2P]

इसमें [P] खनिज पदार्थ हैं। कुछ पदार्थों को अनुसूची में सूचीबद्ध किया गया है लेकिन शेष पदार्थों को E-रसायन शास्त्र के [P] से लिया जाना है।

[E] [2P] खनिज क्रियायें हैं, जो कि अनुसूची में दी गई हैं।

कुछ उदाहरण निम्न हैं—
लोहे की खदानों का मिलना H1182 : 155
बिहार में लोहे की खदानों का मिलना H1182 : 155.4473
गन्धक की खानों का सर्वेक्षण H1 161 : 15
हीरों की बनावट H191 : 82
जापान में झूठे मोतियों की उपज H198 : 864.42

H2 पत्थर विज्ञान (Petrology)

इसका पहलू सूत्र निम्नानुसार दिया गया है—
H2[P] : [E] [2P]
[P]--विभिन्न प्रकार की चट्टानें हैं।
[E] [2P]—पत्थरों से सम्बन्धित विभिन्न क्रियायें हैं; जिन्हें "HI" की ऊर्जा से लेना है। परन्तु '8' और उसके विभाजन को छोड़ देना है।
उदाहरणों को देखें—

आग्नेय चट्टानें H21
ज्वालामुखी चट्टानों का आरम्भ H211 : 16
संगमरमर की चट्टानों के प्रकार H22133 : 11

H3 रचनात्मक भू-विज्ञान (Structural Geology) H4 गत्यात्मक भू-विज्ञान (Dynamic Geology) H5 स्तरित शैल विज्ञान—इन तीन प्रमाणित वर्गों के पहलू सूत्र नहीं दिये गये हैं। इनका सीधा उपविभाजन दिया गया है इस कारण से अन्य श्रेणियां नहीं दी गई हैं।
उदाहरण के लिए—

ज्वालामुखी H411
हिमाचल प्रदेश में गर्म पानी के स्रोत H412.4445
भूचाल H4132
बाह्य परिवर्तन H42
वर्षा द्वारा भूमि पर बाह्य परिवर्तन H4221
मनुष्य द्वारा भूमि पर बाह्य परिवर्तन H428
सिलूरियन चट्टानें H523

H6 पुरातन भू-विज्ञान (Palaeontology)

इस वर्ग के अन्तर्गत उन जीव-जन्तुओं का संसार आता है जो हजारों वर्ष पूर्व जमीन के अन्दर दबकर पत्थरों का स्वरूप ले लेती है या बदल गई हैं। इस वर्ग की [P] प्राणी विज्ञान 'K' की [P] से लिया जाना है एवं समय 'H5"

स्वरित शैल विज्ञान से लेना है जिसमें H5 को A मानकर अंक बनाये गये हैं। उदाहरणस्वरूप—

H5=A

H523=A23

H54=A4

सेल्यूरियन समय के पक्षी H696'A23

नूतन जीव युग के रीढ़धारी प्राणी H69'A4

परमियन प्रोटोजुआ H62'A26

H7 आर्थिक भू-विज्ञान (Economic Geology)

इस वर्ग के अन्तर्गत वे पदार्थ जिनका कि आर्थिक मूल्य होता है, आते हैं। या यह कहलें कि यदि खनिज पदार्थ, पानी का भण्डार (भूमिगत), आदि का आर्थिक मूल्य हो जाय तो वह 'H1' में न रखे जाकर इस मुख्य वर्ग में रखे जायेंगे। इसीलिए रंगानाथन ने इसका पहलू सूत्र एवं एकल अंक आदि 'H1' खनिज विज्ञान से लेने को निर्देशित किया है। देखें नियम H7 पृष्ठ 1.80 से 1.81 तक। उदाहरण के लिए—

भारत में भूमिगत पानी भण्डार H7210.44

दक्षिणी अफ्रीका में प्लेटीनम ओर H71879.63

बर्मा में खनिज के साधन H7.438

H8 ब्रह्माण्ड की उपकल्पना (Cosmic Hypothesis)

इस वर्ग से सम्बन्धित परिकल्पनाओं को काल युक्ति द्वारा वर्गीक देते हैं।

23

HZ-खनन विज्ञान

(MINING)

इस मुख्य वर्ग को 'HI' खनिज विज्ञान का असली रूप माना जाता है। खनिज बिज्ञान में खनिज पदार्थों को पृथ्वी से निकालने एवं तकनीकी ढंग द्वारा उपयोग में लाये जाने का अध्ययन करते हैं। परन्तु इस मुख्य वर्ग के अन्तर्गत खनिज पदार्थों के उपयोग में लाये जाने सम्बन्धी उपयोग की जाने वाली विधियों का अध्ययन किया जाता है। इसका पहलू सूत्र निम्न है—

HZ[P], [P2] : [E] [2P]

[P] कच्ची धातु है और इसे 'E' रसायन विज्ञान एवं 'H1' खनिज विज्ञान की [P] से लेना है।

[P2] खनन कार्य का भाग है जिसे अनुसूची में दिया गया है।

[E] [2P] यह कच्ची धातु से मुख्य धातु निकालने की प्रक्रिया है जो अनुसूची में दी गई है।

इस मुख्य वर्ग से सम्बन्धित कुछ उदाहरण निम्न हैं—

लोहे की खानों में भूमिगत रोड HZ182,4

लोहे को चुम्बकीय विधि द्वारा अलग करना HZ182 : 27

खदानों में दुर्घटनायें HZ : 44

खदानों में रोशनदान HZ : 53

गन्धक की खदानों की सुरंगों में रोशनी HZ 161.3 : 55

खनन शब्दावली HZk

धनबाद खनन विज्ञान महाविद्यालय धनबाद (बिहार)

HZ. 4473, e4, ध

खनन विज्ञान एवं खनिज विज्ञान में अन्तर H1od HZ

खदानों की खुदाई एवं वरमी में तुलना HZ : 11ov4

24

I-बनस्पति विज्ञान

(BOTANY)

इस मुख्य वर्ग में वनस्पतियां, जिसमें पौधे, झाड़ी, पेड़, घास आदि आते हैं, का अध्ययन किया जाता है। यह मुख्य वर्ग सैद्धान्तिक रूप से मुख्य वर्ग 'G' जीवविज्ञान का भाग है परन्तु इसके क्षेत्र को देखते हुए इसको मुख्य वर्ग का दर्जा दिया गया है। इसका पहलू सूत्र (Facet Formula) निम्न है—

I [P], [P2] : [E] [2P]; [2M]

[P] विभिन्न प्रकार की बनस्पतियां हैं, इसमें एकलों का वर्गीकरण वनस्पति विज्ञान के प्रचलित वर्गीकरण के अनुसार किया गया है। प्रत्येक पौधों का वर्गीकरण उसके परिवार तक ही किया गया है। पौधे के परिवारों का नाम सामान्यतया लैटिन भाषा में दिया गया है, अतः रंगानाथन ने विद्यार्थियों की सुविधा के लिए इन एकलों की अनुक्रमणिका भी पृष्ठ० 2.61-2.63 तक दी है।

[P2] पौधे के अंग, जड़, तना, पत्ती आदि हैं।

[E] [2P] इसमें वनस्पति की जीवन क्रियायें दी गई हैं। ये एकल 'G' जीव विज्ञान के [E] [2P] से लेते हैं।

[2M] जीव विज्ञान 'G' के समान ही [2M] एकल वनस्पति विज्ञान की प्रक्रिया के अनुभाग पदार्थ के लिए लाना है।

कुछ उदाहरण इस मुख्य वर्ग से सम्बन्धित देखिए—

प्राचीन वनस्पति विज्ञान I : 8

पौधों की प्रजनन क्रिया I : 67

फूलरहित पौधों की प्रजनन क्रिया I 1 : 67

काई की उत्पत्ति I22 : 66

थैलोफाइटा के पथराट I2 : 8

ब्रायोफाइटा की जड़ों के पथराट I 3,1 3 :8
नंगे बीज वाले पौधों के बीजों में क्रिया 16,178 : 11
पौधों की सूक्ष्म फोटोग्राफी I : 1995
पत्तों की बनावट I, 15 : 2
पत्तों में आक्सीजन की क्रिया I, 15 : 3; 160
हिमालय पर्वत की वनस्पतियां I : 13.4.g7H
सर जगदीशचन्द्र बोस का जीवन वृतांत (जन्म 1858)
IwM58
जे० डी० हूकर्स के संग्रहीत शोधपत्र (जन्म 1817) Ix M17
वनस्पति विज्ञान का पाठ्यक्रम Iy2

25

J-कृषि
(AGRICULTURE)

यह मुख्य वर्ग वनस्पति विज्ञान का प्रायोगिक रूप है। इस मुख्य वर्ग की विशेषता यह है कि इसके व्यक्तित्व पहलू [P] के एकल समूह अंकन (Group Notation) के द्वारा बनाये गए हैं। इन समूह एकलों की बनावट निम्न प्रकार है—

यहां समूह अंकन में तीन पंक्तियां दी गई हैं। प्रथम पंक्ति में उपयोगिता के आधार पर विभाजन किया गया है जो कि निम्न हैं—

1. सजावट (Decoration)
2. चारा (पशुओं के लिए) (Feed)
3. भोजन (मनुष्यों के लिए) (Food)
4. उत्तेजक (Stimulant)
5. तेल (Oil)
6. औषधि (Drug)
7. धागा (Fabrics)
8. रंग (Dye, Tan)

91. आसंजक (चिपचिपा) (Adhesive)
92. खाद (Manure)
93. सब्जियां (Vegetable)
94. शक्कर उत्पादक (Sugar producing)

दूसरी पंक्ति में पौधे के अंग आते हैं जो उपरोक्त कार्य के लिए उपयोग किए जाते हैं। जो कि इस प्रकार हैं—

1. छाल (Sap)
2. गांठ (Bulb)
3. जड़ (Root)

4. तना (Stem)
5. पत्ती (Leaf)
6. फल (Fruit)
7. फूल (Flower)
8. बीज (Seed)
97. सम्पूर्ण पौधा (Whole plant)

तीसरी पंक्ति में अनुकूलन अंक (Favourable digit) देते हैं। इसके द्वारा जिस पौधे का ज्यादा उपयोग किया जा रहा हो उसे '1' अंक देते हैं और इसी मान्यतानुसार घटते क्रम में क्रमश: 2, 3, 4 आदि क्रम दिया जाता है।

उपर्युक्तानुसार सभी पौधों के अंक रंगनाथन ने बनाये हैं। उनके अनुसार आलू के दिये गए अंक को देखें—

आलू की उपयोगिता खाने में हैं अत:	3 अंक
आलू का तना खाया जाता है अत:	4 अंक
आलू अत्यधिक प्रयोग की जाने वाली तना खुराक है अत:	1 अंक

इस प्रकार आलू का अंक 341 है।

इसी प्रकार मोमफली का उदाहरण लीजिए—

मोमफली की उपयोगिता तेल के लिए—	5 अंक
मोमफली के बीज का प्रयोग करते हैं—	8 अंक
सबसे अधिक उपयोग किया जाता है अत:	1 अंक

और मोमफली का अंक 581 बना। इस मुख्य वर्ग में उन वनस्पतियों का एकल अंक दिया गया है जिसका प्रयोग कृषि कार्यों के लिए किया जाता है। उन वनस्पतियों का जिनका उपयोग कृषि कार्य में होता है और उसके एकल अंक न दिये हों। तो उपर्युक्तानुसार बनाया जा सकता है। इस मुख्य वर्ग का पहलू सूत्र निम्न है—

J [P] : [E] [2P] : [2E] [3P]

[P] इस पक्ष का वर्णन ऊपर ही किया जा चुका है। इसमें उपजें आती हैं।

[E] [2P] कृषि के ढंग, तकनीकी एवं समस्यायें आदि हैं।

[2E] [3P] आगे की समस्यायें एवं उसके समाधान हैं।

यहां यह ध्यान रखना आवश्यक है कि प्रथम आवर्तन की ऊर्जा [E] के पश्चात ही द्वितीय आवर्तन ऊर्जा का प्रयोग [2E] किया जायेगा। सामान्य रूप से प्रत्येक [E] एकल के अलग-अलग [2E] एकल दिए गए हैं। उदाहरणार्थ—

गेहूं का भण्डारण

यहां भण्डारण आगे की समस्या है, यह तभी होगा जब फसल की कटाई हो जाएगी। इस उदाहरण में कटाई शब्द छुपा हुआ है। अतः इसका सही वर्गांक बनाने के लिए इसको दर्शाना आवश्यक है। इसलिए इसे निम्नानुसार लिखकर वर्गांक बनायेंगे—

[कृषि] [गेहूं] : [कटाई] : [भण्डारण]

J 382 : 7 : 8

चाय की पैंकिंग J451 : 7 : 8

कपास के पौधे का इलाज

J 781 : 4 : 6

(इसमें भी रोग अन्तर्निहित है)

सेव की पैदावार के लिए खाद J 371 : 2

हरी खाद J : 21

पटसन का उपयोग J 741 : 7 : 97

गेहूं के तनों का प्रयोग

इसमें तना [P2] है इसे वनस्पति विज्ञान '1' के [P2] से लेना है। इस प्रकार इसका वर्गांक निम्न होगा—

J 382, 14 : 7 : 97

भूमि सुधार J : 1 : 2

कृषि में वैक्टीरिया की बीमारी J : 424

गेहूं में कीड़ों की रोकथाम J 382 : 438 : 5

इस मुख्य वर्ग में विशेष और प्रणालियां भी अन्त में दी गई हैं जो कि निम्न हैं—

J9A विशेष

J9D सूखी खेती (Dry Farming)

J9S भूमि रहित खेती (Soilless Farming)

JA प्रणाली

JB वानिकी, वन विद्या (Forestry)

विशेष और प्रणाली के बाद व्यक्तित्व [P] आने पर या तीनों के साथ-साथ आने की अवस्था में तीनों के बीच कामा (,) लगाया जायेगा।

गेहूं की सूखी खेती J9D, 382

26

K-जन्तु विज्ञान

(ZOOLOGY)

इस मुख्य वर्ग में सभी प्रकार के जीव-जन्तुओं का अध्ययन किया जाता है। सैद्धान्तिक रूप में यह भी जीव विज्ञान 'G' का भाग है। इस मुख्य वर्ग का पहलू सूत्र निम्न है—

K [P], [P2] : [E] [2P]; [2M]

इसमें [P] विभिन्न प्रकार के प्राणियों का समूह है। प्राणियों के समूहों का विभाजन प्राणि विज्ञान में प्रचलित वर्गीकरण के आधार पर किया गया है। इसमें वनस्पति विज्ञान की तरह एक अनुक्रमणिका पृष्ठ 2.73 से 2.78 तक दी गई है।

[P2] जीव का शारीरिक अंग है। इसके एकल अंक 'L' चिकित्सा के [P] से लिए जाने हैं।

[E] [2P] प्राणियों की जैविक क्रियायें हैं। दो एकल अंक 591 एवं 595 के साथ अन्य सभी एकल अंक 'G' जीव विज्ञान से लिये जाने हैं।

[2M] यह जीव विज्ञान 'G' की तरह है।

निम्नलिखित उदाहरणों से इस मुख्य वर्ग को समझना आसान हो जायेगा।

प्रोटोजुआ में प्रजनन क्रिया K2 : 67

बिना रीढ़ की हड्डी वाले प्राणियों का परिस्थिति विज्ञान K1 : 5

पक्षियों के फेफड़े पर कार्बन का रासायनिक प्रभाव

K96, 45 : 33E; 140

रीढ़ वाले प्राणियों के मांशपेशियों की बनावट K9, 83 : 2

स्तनधारी जानवरों का तंत्रिका तंत्र K97,7

सरीसृप जानवरों की अनुवांशिकी K94 : 6

कीड़े-मकोड़ों का सामाजिक जीवन K86 : 56

मध्य प्रदेश में वर्षा ऋतु में कीड़े-मकोड़े

K86 : 13.4455 'p5

सरीसृप जीवों एवं पक्षियों के फेफड़े की रचना में अन्तर
K94ow6, 45 : 2
इण्डियन जनरल आफ जूलाजी (1952) Km44, N52
पोरीफेरा के जीवों की आंखें K3, 185
भारतीय प्राणि विज्ञान संस्थान K. 44, e4, भा
प्राणि विज्ञान सूचीपत्र (1990 में प्रकाशित) KaN9
मैक्यिलन पब्लिशर्स द्वारा प्रकाशित प्राणि विज्ञान की पुस्तकों का सूचीपत्र
Ka43, 3M
(देखिए नियम 21a पृष्ठ 1.45 एवं az8 पृष्ठ 1.62)
प्राणि एवं वनस्पति में अन्तर IodK
प्राणि विज्ञान में शोध K : f
जूलाजिकल सर्वे आफ इण्डिया (19वीं शताब्दी में स्थापित)
K. 44, f, 9M

27

KZ-पशुपालन

(ANIMAL HUSBANDRY)

हमारे आर्थिक लाभ, शौक, सजावट आदि में उपयोग आने वाले जीवों का अध्ययन इस मुख्य वर्ग में किया जाता है। इस मुख्य वर्ग का पहलू सूत्र (Facet formula) निम्न है—

KZ[P] : [E] [2P] : [2E] [3P]

इसमें [P] पालतू जानवर हैं। इसका विभाजन 'J' कृषि की भांति तीन स्तरों में किया गया है। प्रथम स्तर में जानवरों में उपयोगिता के आधार पर विभाजित किया है। उपयोगिता के लिए उपयोग आने वाले अंक 'J' कृषि की ही भांति है केवल 2 एकल अंक में चारा के स्थान पर पशु (Cattle), 4 में उत्तेजक के स्थान पर खींचना (Traction) एवं 5 में तेल के स्थान पर प्यारा (Pet) शब्द का प्रयोग किया है। दूसरे स्तर में उपयोग किये जाने वाले अंगों का विभाजन है जो कि निम्न है—

1. निकालना (Secretion)
2. हड्डी (Bone)
3. गोस्त (Flesh)
4. पूरा जानवर (Whole animal)
5. अंडा (Egg)
6. संयोजी उत्तक (Connective tissue)
7. चमड़ा (Skin)
8. बाल नाखून (Hair Nail)

तृतीय स्तर में दिया जाने वाला अंक अनुकूल अंक है जो अत्यधिक नजदीक प्राणी है उसे '1' अंक देते हैं। इसी मान्यतानुसार 2, 3, 4 आदि अंक दिए जाते हैं। उपरोक्त स्तरों का प्रयोग कर किसी भी प्राणी के एकल अंक बनाये जा सकते हैं। जैसे बैल का अंक प्रथम स्तर खींचने के '4' अंक से प्रारम्भ होता है क्योंकि

बैल खींचने के कार्य में उपयोगी है। पूरा जानवर इस कार्य में लगता है जिसके लिए '4' अंक दिया है तथा सबसे अधिक नजदीक प्राणी है अतः '1' अंक दिया गया है। इस प्रकार बैल का एकल अंक '441' दिया गया है। इसी प्रकार सभी प्राणियों के एकल अंक बनाये जा सकते हैं जिसका अंक रंगनाथन ने सूची में नहीं दिया है।

[E] [2P] प्राणियों की जीवन क्रियायें और समस्यायें हैं।

[2E] [3P] इसका भाव प्राणियों की अगली समस्याओं से है।

इस मुख्य वर्ग में [P2] प्राणियों के शरीर के अंग और [2M] जीवन क्रियाओं में आवश्यक उपयोगी पदार्थ हैं। आवश्यकता पड़ने पर [P2] चिकित्सा विज्ञान 'L' के [P] से लिया जाता है, और [2M] 'G' जीव विज्ञान से लिया जाता है।

प्रत्येक [E] एकल का अपना अलग [2P] एकल है जो नियमानुसार दिए गए निर्देशानुसार लिया जाता है। इसी प्रकार प्रत्येक [E] का अपना अलग [2E] [3P] एकल दिए गए हैं जो उसी [E] एकल के साथ उपयोग किये जाते हैं।

विषय के वर्गांक निर्माण प्रकरण को समझने के लिए निम्न उदाहरणों का अध्ययन करें—

गाय का दूध KZ 311 : 71

भैंस का दूध KZ 312 : 71

यहां दूध [2P] के लिए [E] '7' लगाना आवश्यक है।

भैंस के दूध का घी K312 : 74

मुर्गियों के अंडे KZ351 : 75

घोड़ों को घास का चारा KZ442 : 1 (J251)

यहां [2P] निदेशानुसार विषय युक्ति से लिया गया है।

घोड़ों के लिए घास का चारा तैयार करना

KZ442 : 1 (J251) : 3

सूअरों के लिए आलुओं का भण्डारण KZ 334 : 1 (J341) : 8

कुत्तों का प्रशिक्षण KZ541 : 8

हाथियों का सर्कस के लिए प्रशिक्षण KZ447 : 8obMY95

पालतू कुत्तों का वर्गीकरण KZ541 : 915

बकरियों में बीमारी KZ313 : 4

बकरियों में छूत की बीमारी KZ313 : 42

यहां [E] 4 के लिए [2P] चिकित्सा विज्ञान 'L' से लिया गया है इसी प्रकार [2E] [3P] भी 'L' चिकित्सा विज्ञान से लिया जायेगा ।

घोड़ों में टी० बी० की रोकथाम K442 : 421 : 5

गाय और भैंस के दूध का अन्तर KZ371ow2 : 71

रेशम कीड़े के पालने सम्बन्धी मध्य प्रदेश के आंकड़े 1990 में KZ711 : 6.4455'N90s

मध्य प्रदेश पशुपालन विभाग KZ.4455, w, म

डेरी शोध केन्द्र करनाल KZ31.4444, f, डे

28

L-चिकित्सा विज्ञान

(MEDICINE)

इस मुख्य वर्ग में मानवीय शरीर की रचना, प्रक्रिया, बीमारियों और उनके इलाज के अतिरिक्त लोक स्वास्थ्य आदि विषयों का अध्ययन किया जाता है। इसका पहलू सूत्र (Facet formula) निम्नानुसार है—

L[P] : [E] [2P] : [2E][3P]

इसमें [P] शरीर के बाह्य एवं आन्तरिक अंग हैं। कई अंगों के अंक का निर्माण करने के लिए अध्यारोपण युक्ति का भी प्रयोग किया जाता है।

[E] शरीर के कार्य, क्रियाकलाप, बीमारी आदि हैं।

[2P] बीमारियों के कारण हैं। जो केवल बीमारी "4" के लिए हैं।

[2E][3P] प्रथम आवर्तन की समस्याओं के निराकरण के ढंग इसमें आते हैं।

रंगानाथन ने कुछ सामान्य प्रचलित बीमारियों के बने बनाये वर्गांक पृष्ठ 2.84 से 2.85 तक दिये हैं। इस मुख्य वर्ग में विशेष क्षेत्र एवं प्रणालियां भी सबसे अन्त में पृष्ठ 2.86 पर दी गई हैं। जो कि निम्न हैं—

L9A विशेष
L9B गर्भ (Embryo)
L9C बच्चा (Child)
L9D किशोर (Adolescent)
L9E वृद्ध (Oldage)
L9F महिला (Female)
L9H उष्ण कटिबन्धीय (Tropical)
L9T विमानन (Aviation)
L9V युद्धक (War)
L9X औद्योगिक (Industrial)

LA प्रणालियां (काल युक्ति द्वारा)
LB आयुर्वेद (Ayurved)
LC सिद्ध (Siddha)
LD यूनानी (Unani)
LL होमियोपैथी (Homeopathy)
LM प्राकृतिक चिकित्सा (Naturopathy)

इसके अतिरिक्त कुछ विशेष बातें भी इस मुख्य वर्ग से जुड़ी हैं जो कि निम्न हैं—

1. पाश्चात्य चिकित्सा पद्धति (Allopathy) के लिए प्रणालियों में कोई एकल अंक नहीं है। रंगनाथन ने इसे सार्वभौमिक प्रणाली मानते हुए "चिकित्सा विज्ञान-L" मुख्य वर्ग को ही पूरी पद्धति का रूप दिया है।
2. प्रथम आवर्तन के ऊर्जा [E] के '54' एकल अंक के उपविभाजन में "4" बीमारी के अंकों का प्रयोग किया है।
3. द्वितीय आवर्तन के पदार्थ [2M] के लिए आवश्यकतानुसार 'E' रसायन विज्ञान से अथवा विषय युक्ति से एकल अंक लिए जाएंगे।
4. प्रणाली, विशेष एवं व्यक्तित्व के एक साथ आने पर इनके बीच (,) कामा का प्रयोग अनिवार्य रूप से किया जाएगा।
5. यह ध्यान देना आवश्यक है कि इस मुख्य वर्ग में केवल मानवीय शरीर से सम्बन्धित रचना, क्रिया, बीमारी आदि के ही वर्गांक बनाये जाएंगे, अन्य प्राणियों से सम्बन्धित विषयों को 'K' प्राणिशास्त्र अथवा 'KZ' पशुपालन मुख्य वर्ग में ले जायेंगे।

कुछ उदाहरण विषय की जटिलता को समझने में सहायक होंगे—
मनुष्य के आंख की बनावट L185 : 2
मनुष्य के मांसपेशियों की बनावट L12 : 2
मनुष्य के आंख की मांसपेशियों की बनावट L12-185 : 2
सिर के बालों की बनावट L166-881 : 2
टांग की हड्डी L134-82
बाजू की हड्डी L163-82
फेफड़े की बीमारी L45 : 4
फेफड़े में छूत की बीमारी L45 : 42
फेफड़े की छूत की बीमारी से बचाव L45 : 42 : 5
आयुर्वेद प्रणाली द्वारा फेफड़े की छूत की बीमारी से बचाव
LB, 45 : 42 : 5
खसरा (यह छूत की बीमारी) L : 4233

(यह अंक बना बनाया दिया गया है)

बच्चों को पौष्टिक आहार की कमी से बीमारियां L9C : 461

एक्स-रे द्वारा टी० बी० रोग की जांच L45 : 421 : 5253

मलेरिया L35 : 4261

मलेरिया का इलाज L35 : 4261 : 6

टूटी हड्डियों का एक्स-रे द्वारा जांच L82 : 477 : 3253

(यहां हड्डी टूटने को हड्डी का जख्म माना गया है और यह [2P] है इसका एकल अंक '77' है)

बाजू की टूटी हड्डी की सर्जरी करना L163-82 : 477 : 7

वृद्धों की बाजू की टूटी हड्डी की सर्जरी करना
L9E, 163-82 : 477 : 7

आयुर्वेद प्रणाली द्वारा वृद्धों की बाजू की टूटी हड्डी की सर्जरी करना
LB, 9E, 163-82 : 477 : 7

अखिल भारतीय आयुर्विज्ञान संस्थान नई दिल्ली L. 44, d, अ

स्त्रियों में प्रजनन पीड़ा L9F : 35

लोक स्वास्थ्य L : 5

लोक स्वास्थ्य विभाग मध्य प्रदेश L : 5. 4455, w, लो

बीमारियों की रोकथाम L : 54

चेचक की रोकथाम L : 54231

भारत में मलेरिया की रोकथाम L : 54261.44

श्यामशाह चिकित्सा महाविद्यालय रीवा L.448111, e4, श्या

महात्मा गांधी चिकित्सा महाविद्यालय भोपाल L.448152, e4, म

29

LZ–औषधि विज्ञान

(PHARMACOLOGY)

इस मुख्य वर्ग में औषधियों की किस्मों एवं उनसे सम्बन्धित अध्ययन के विषय सम्मिलित हैं। रंगानाथन ने इस मुख्य वर्ग का तात्कालिक विभाजन इसके तीन प्रमाणित वर्गों में किया है और प्रत्येक प्रमाणित वर्ग का अपना ही पहलू सूत्र है।

LZ3 औषधि विज्ञान (Pharmacology)
LZ5 औषधि कोष (Pharmacopoea)
LZ8 दवाखाना (Pharmacy)

LZ3 **औषधि विज्ञान** (Pharmacology)

इसका पहलू सूत्र (Facet formula) निम्न है—

LZ3[P] : [E][2P]

[P] वस्तु (औषधि) है। इसे "E" रसायन विज्ञान की [P] से लिया जाना है।

[E] औषधि का प्रभाव है। इसके एकल अनुसूची में दिये हैं।

[2P] शारीरिक अंग है। ये वे अंग हैं जिन पर दवाइयों का प्रभाव होता है इसे विषय युक्ति से लिया जाना है।

उदाहरणार्थ—

अकार्बनिक औषधियां LZ31
कार्बनिक औषधियां LZ35
गन्धकीय औषधियां LZ3161
लोहे का हृदय को उत्तेजित करना LZ3182 : 2 (L32)
पोटेशियम का हृदय की गति को धीमा करना LZ3112 : 3 (L32)

LZ5 औषधि कोष (Pharma copea)

इसमें औषधियों को सील बन्द करने के लिए प्रकार निर्धारित किये गए हैं। इसका पहलू सूत्र निम्न है—

LZ5[P], [P2]

[P] देश है, जिसे भौगोलिक युक्ति से लिया जाना है।

[P2] औषधि सूची जारी करने वाले क्षेत्र हैं। इसको औषधि सूची की प्रकार या किस्म भी कह सकते हैं इसके एकल अनुसूची में हैं।

कुछ उदाहरण निम्न हैं—

भारतीय औषधि कोष LZ544, 1

अन्तर्राष्ट्रीय औषधि कोष LZ51

अमेरिकन औषधि कोष LZ573, 1

गैर-सरकारी औषधि कोष LZ573, 2

30

M-लाभदायक कलायें

(USEFUL ARTS)

विज्ञान समूह का यह सबसे अन्तिम मुख्य वर्ग है। यह एक मिश्रित मुख्य वर्ग है। रंगनाथन ने इसे व्यावहारिक विज्ञान माना है। एक विचार जो 'A' प्राकृतिक विज्ञान से प्रारम्भ होता है 'M' लाभदायक कलाओं तक उसका प्रायोगिक स्तर पर प्रयोग होने लगता है। इस मुख्य वर्ग में सभी विषय वैज्ञानिक नहीं हैं, इसलिये इसे एक प्रकार का मिश्रित वर्ग कहा जाता है। जिन विषयों को 'D' अभियांत्रिकी, 'F' तकनीकी में सम्मिलित नहीं किया जा सका है, उनको इस मुख्य वर्ग 'M' लाभदायक कलाओं में सम्मिलित किया गया है। मिश्रित वर्ग होने के कारण इसका जो तात्कालिक विभाजन किया गया है वह प्रामाणिक वर्गों के समान है। जो निम्न है—

M1 पुस्तक उद्योग एवं वर्णन (Book Production)
M2 बढ़ईगीरी (Carpentry)
M3 लोहारखाना (धातु कारीगरी) (Smithy)
M5 शीशा उद्योग (Glass Industry)
M7 कपड़ा उद्योग (Textiles)
M8 वस्त्र कला (Dress Making)
M92 राजगीरी (Masonary)
M95 फोटोग्राफी (Photography)
M97 चमड़ा उद्योग (Leather Industry)
M98 पैकिंग (Packing)
MA गृह एवं होटल विज्ञान (Home and Hotel Science)
MA2 गृह कला (Home Maintenance)
MA3 रसोई कला (Cooking)
MA4 परोसने की कला (Serving)

MA7 सौन्दर्य कला (Beauty Culture)

M का कुछ विभाजन रंगानाथन ने विषय युक्ति के आधार पर किया है और करने को कहा है। जैसे—

MB9 घड़ी निर्माण विज्ञान (Horology)

MC3 ग्रामोफोन (Gramophone) आदि

MY के अन्तर्गत सभी खेल, शौक आदि दिये गए हैं।

इस मुख्य वर्ग की अनुसूची में पृष्ठ 2.88 के प्रथम कालम में दिये एकल अंक 'M3' पारिवारिक विज्ञान से लेकर 'M98' पैकिंग तक के अंक हटा दिये गये हैं। इनके स्थान पर नये एकलों की नई अनुसूची अनुलग्न के पृष्ठ 27 में दी गई है का उपयोग करते हैं।

इस मुख्य वर्ग के दो प्रामाणिक वर्ग 'M7' कपड़ा उद्योग एवं 'MJ7' रस्सी बनाना के अपने अलग पहलू सूत्र दिये गये हैं।

M7 कपड़ा उद्योग

इस मुख्य वर्ग का पहलू सूत्र निम्न है—

M7[P]; [M] : [E] [2P]

[P] बुनी हुई वस्तुयें हैं।

[M] धागे रेशे के पदार्थ हैं।

[E][2P] बुनाई की तकनीक आदि हैं।

सूती धागे की कताई M71; 1 : 1

रेशमी कपड़े की बुनाई M73; 3 : 3

नारियल के रेशे के गलीचों की रंगाई M75; 5 : 8

MJ7 रस्सियां बनाना

इसका भी अपना अलग पहलू सूत्र है—

MJ7[P] : [E] [2P]

[P] रस्सियों में उपयोग आने वाले रेशों का पदार्थ है।

[E][2P] रस्सी बनाने की अलग-अलग विधि है इसे कपड़ा उद्योग M7 से लेना है।

सूत की रस्सियों बटना MJ71 : 2

पटसन की रस्सियां MJ73

इनके अलावा अन्य प्रामाणिक वर्गों के उदाहरण निम्न हैं—

युद्ध कला MV4

हवाई युद्ध MV48

संगीत साज बनाना MNR
फुटबाल MY2121
रस्साकसी MY221
बच्चों के खेल MY23
तलवारबाजी MY244
कुश्ती MY245
तैराकी MY251
ताश MY31
जादूगरी MY36
शिकार करना MY6
सरकस MY95
शर्त लाटरी MY93
डाक टिकट संग्रहण MYX46
भारतीय ओलम्पिक एसोसियेशन (1927) MY.44, g, 9N27
राष्ट्रीय खेल संस्थान पटियाला MY.44, d, रा
बिशन सिंह बेदी की जीवनी (जन्म 1946) MY2141wN46
भारत केसरी चंदगी राम (जन्म 1937) MY245wN37
उड़नसिख्ख मिल्खा सिंह की जीबनी (जन्म 1935) MY225wN35

31

△-ब्रह्मविद्या एवं आध्यात्मिक अनुभूति
(MYSTICISM and SPIRITUAL EXPERIENCE)

इस मुख्य वर्ग हेतु यूनानी भाषा के अक्षर '△' डेल्टा का प्रयोग किया है। इस विषय को मुख्य वर्ग का दर्जा प्रथम बार इस वर्गीकरण प्रणाली में दिया गया है। ऐसा रंगनाथन (जिसको आध्यात्मिकवाद में शत-प्रतिशत विश्वास था) ही कर सकता था और किया। उसके कुछ नजदीकियों का विश्वास था कि रंगानाथन को स्वयं आध्यात्मिक अनुभव था, परन्तु रंगानाथन ने स्वयं इस बात (अपनी नम्रता का परिचय देते हुए) को कभी नहीं स्वीकारा।

रंगानाथन ने आध्यात्मिक ज्ञान को उच्च ज्ञान माना है। इसको मुख्य वर्गों के क्रम में विज्ञान एवं मानविकी के मध्य में रखकर इसे समूचे ज्ञान का भण्डार एवं स्रोत माना है। इसीलिये विदेशी ग्रन्थालयी इसे भारतीय विषयों में मजबूत वर्गीकरण प्रणाली मानते हैं।

इसका पहलू सूत्र (Facet formula) निम्न है—

△[P], [P2] : [E] [2P]

[P] धर्म है।

[P2] आध्यात्मिक अनुभव का संयोग है।

[E][2P] आध्यात्मिक अनुभव की विधियां हैं।

इसको समझने के लिए निम्न उदाहरण देखें—

सूफी आध्यात्मवाद △73

हिन्दू आध्यात्मवादियों में सांस रोकने की क्रिया △2 : 34

दूरअनुभूति (Telepathy) △ : 834

बिछुड़ी हुई आत्माओं के दर्शन △, 16 : 5

भविष्यवाणी △ : 86

ईसाई धर्म में भविष्यवाणी △ 6 : 86

ज्योतिष विद्या △ : 864

परियों के दर्शन △, 15 : 5
जादू △ : 87
हस्तरेखा ज्ञान △ : 8627
हिन्दू हस्तरेखा ज्ञान △2 : 8627
जेन (Zen) वादी आध्यात्मवाद में प्रकृति △46, 2
धर्म एवं आध्यात्मवाद में अन्तर △odQ
हिन्दू एवं जैन आध्यात्मवाद का तुलनात्मक अध्ययन △2om3
रमन्ना ऋषि की जीवन झांकी (जन्म 1879) △2y7M79

(किसी आध्यात्मिक पुरुषों की जीवनी के लिए एकल अंक w के स्थान पर y7 लिया जाता है जैसा कि उपर के उदाहरण में है।)

32

N–ललित कला
(FINE ARTS)

ललित कलाओं की संख्या अनगिनत है। इसका प्रथम विभाजन प्रामाणिक वर्गों में किया गया है—

NA भवन निर्माण (Architecture)
NB शहरी योजना (Town Planning)
ND मूर्तिकला (Sculpture)
NM चित्रकला (Graphic Art)
NQ चित्रकारी (Painting)
NR संगीत (Music)
NS नृत्य (Dance)
NT नाटक आदि (Theatre)

इस वर्ग के सभी प्रामाणिक वर्गों में व्यक्तित्व पहलू कम से कम तीन स्तरों में आता है। जबकि 'NA' भवन निर्माण 'NB' शहरी योजना में व्यक्तित्व चार स्तरों में आता है। जब [P] एवं [P2] दोनों एक साथ लिए जाते हैं तो उस कला की शैली को दर्शाते हैं। [P] को भौगोलिक युक्ति एवं [P2] को काल युक्ति द्वारा लिया जाता है। कला का प्रारम्भ जिस शताब्दी से होता है उसी शताब्दी का अंक दिया जाता है। जैसे—

विक्टोरियन काल की अंग्रेजी भवन कला

(रानी विक्टोरिया का काल 19वीं शताब्दी एवं स्थान ब्रिट्रेन है) अतः वर्गांक

NA56,M

मुगलकालीन चित्रकारी

(देश भारत एवं समय 16वीं शताब्दी है।)

NQ44,J

जापानी भवन कला NA42

विभिन्न कलाओं के वर्गांक उसके प्रामाणिक वर्गों के साथ नीचे उदाहरणों में स्पष्ट किये गये हैं।

NA भवन निर्माण (Architecture)

इसका पहलू सूत्र निम्नानुसार है—

NA [P],[P2][P3], [P4] : [E][2P]

[P] एवं [P2] उपर्युक्त दिये निर्देशानुसार स्थान एवं समय है, जो शैली को दर्शाते हैं।

[P3] भवन के प्रकार हैं। इसके कुछ एकल सूचीबद्ध किए गए हैं और शेष विषय युक्ति द्वारा लिये जाने हैं।

[P4] भवन का भाग है।

[E] [2P] भवन निर्माण विधि है।

कुछ उदाहरण देखें—

मुगल काल के किलों की भवन कला NA44, J 37

चालुक्य काल की इमारत कला (यह दक्षिण भारतीय दशवीं शताब्दी की कला है)

NA44,D

आधुनिक भारत में होटल भवन निर्माण कला NA44, N44

जैन काल के स्कूलों की इमारतें NA44, E8(T15)

मुगल काल में घर के खम्भों की निर्माण कला NA44, J3,45

शहरी घरों से लिए स्थान NA,35 : 1

NB शहरी योजना (Town Planning)

इसका पहलू सूत्र निम्नानुसार है—

NB[P], [P2][P3], [P4] : [E]

[P] [P2] ये शैली हैं जो स्थान एवं समय से लिए जायेंगे।

[P3] क्षेत्र का दर्जा है।

[P4] लोक क्षेत्र (स्थान) दर्शाता है।

[E] विधि तकनीक आदि है।

कुछ उदाहरण निम्न हैं—

मुगल भारत में कस्बों के निर्माण योजना में मण्डियों का स्थान

NB44,J3,5

योरोप के पुनरुत्थान काल में शहरों के निर्माण योजना NB5, J5

योरोप के पुनरुत्थान काल में खेल के मैदानों का निर्माण NB5,J5,65
योरोप के पुनरुत्थान काल में खेल के मैदानों के लिए मैदान
NB5, J5, 65 : 1
दिल्ली विकास प्राधिकरण (DDA) NB. 4451, w, दि
रीवा सुधार न्यास NB. 448111, w, री
रीवा सुधार न्यास का अध्यक्ष NB.448111, w, री, 1

ND मूर्तिकला (Sculpture)

इसका पहलू सूत्र निम्नानुसार है—
ND[P], [P2][P3]; [M] : [E][2P]
[P] [P2] पूर्वानुसार शैली है।
[P3] मूर्ति का विषय या प्रकार है।
[M] मूर्ति का माध्यम या मूर्ति के लिए उपयोग किए गए पदार्थ का प्रकार है।
[E] [2P] मूर्ति कला की विधि है।
गुप्तकालीन मूर्ति कला (350-650 AD) ND 44, D
आधुनिक भारत की मूर्तिकला ND44, N
जानवरों की संगमरमर की मूर्तियां ND, 3; 3
प्राचीन भारतीय सिक्के ढालने की कला ND44, D7
मध्यकालीन भारत में हिन्दू धर्म की मूर्तिकला ND44, G9 (Q2)
मध्यकालीन भारत में हिन्दू धर्म की पत्थर की मूर्तियां
ND44, G9 (Q2); 4

NQ चित्रकारी (Painting)

इसका पहलू सूत्र 'ND' मूर्तिकला के समान है तथा [P], [P2] एवं [P3] भी मूर्तिकला से लिए जाने हैं। [M] एवं [E] के एकल इस प्रामाणिक वर्ग की अनुसूची में दिये हैं।

उदाहरण के लिए—
मनुष्यों के चित्र NQ,1
प्रकृति के कागज पर तैल चित्र NQ,2; 2 : 4
हाथी दांत पर चित्रों की देखभाल NQ; 8 : 98
मुगलकालीन चित्रकारी NQ 44, J
पहाड़ी कांगड़ा चित्र शैली (यह 17वीं शताब्दी की है) NQ4445,K
सतीश गुजराल (जन्म 1925)
NQ44 w N 25

NR संगीत (Music)

पहलू सूत्र निम्न है—

NR[P],[P2][P3]; [M] : [E][2P]

[P][P2] शैली है।

[P3] संगीत के प्रकार हैं।

[M] साज हैं।

उदाहरण देखें—

बांसुरी NR; 22

तुरही NR; 28

हारमोनियम NR; 291

कंठ संगीत NR; 91

वीणा NR; 31

मुगलकालीन संगीत NR44, J

जाज (बीसवीं शताब्दी का अमेरिकन संगीत है)
NR73, N

भारतीय क्लासिकल संगीत NR44

33

O-साहित्य

(LITERATURE)

द्वि बिन्दु वर्गीकरण में साहित्य एक दिलचस्प मुख्य वर्ग है। रंगानाथन ने इसकी अनुसूची जितनी ही छोटी दी है उतनी ही स्वायत्तता भी एक वर्गकार को दिया है। इस स्वायत्तता के कारण इतने अधिक वर्गांक तैयार हो सकते हैं जितने अन्य किसी विषय में नहीं। इसका पहलू सूत्र (Facet Formula) भी कम आकर्षक एवं जटिल नही है। इसमें केवल व्यक्तित्व पहलू और उसके विभिन्न स्तर हैं अन्य कोई श्रेणियां जैसे पदार्थ [M] या ऊर्जा [E] आदि नहीं हैं। पहलू सूत्र निम्न है—

O[P],[P2][P3],[P4]

[P] साहित्य की भाषा है, जिसके एकल अध्याय 5 पृष्ठ 2.26 से 2.27 तक दिये गये हैं।

[P2] साहित्य का स्वरूप है, जिसके एकल इसकी अनुसूची में दिये गये हैं।

[P3] लेखक को दर्शाता है। एक लेखक होने की दशा में लेखक के जन्म वर्ष को काल युक्ति से एकल अंक लेते हैं। लेकिन किसी ग्रंथ के लेखकों की संख्या एक से अधिक हो तो सबसे छोटे लेखक के जन्म दहाई (Effective Decade) से एकल अंक बनाया जायेगा। विशेष परिस्थिति में वर्णक्रम युक्ति का भी प्रयोग किया जा सकता है।

[P4] यह लेखक की कृति है। कृति के लिए एकल बनाने के लिए द्विबिन्दु वर्गीकरण के पृष्ठ 1.101 से 1.102 तक विभिन्न नियम दिये गये हैं, जो कि निम्न हैं—

—एक लेखक के कृतियों की संख्या यदि 8 से अधिक नहीं है तो क्रमशः 1, 2, 3···8 अंक कृतियों के लिये जा सकते हैं।

—कृतियों की संख्या 8 से अधिक और 64 से कम है तो सर्वप्रथम कृतियों को

एक क्रम में व्यवस्थित कर उसका क्रमांक ज्ञात करते हैं। इस क्रमांक को एकल अंक में बदलने के लिए यह पता करते हैं कि 8-8 के समूह में किस समूह में वह अंक है, इसके बाद समूह के अन्दर उस अंक की स्थिति का अंक दिया जाता है। जैसे किसी लेखक के कृति का सरल क्रमांक 27 है तो उसे एकल अंक निम्नानुसार प्रदान करेंगे।

समूह संख्या 4	4 अंक
समूह में स्थान तीसरा	3 अंक
इस प्रकार 27 का एकल	'43' हुआ

कृतियों की संख्या 64 से अधिक और 512 से कम होने पर एकल अंक तीन अंकों में हो जायेगा। प्रथम अंक 64-64 के समूह अंक को दर्शायेगा, द्वितीय अंक 8-8 के समूह अंक को दर्शायेगा तथा तृतीय अंक 8 के समूह में उसकी स्थिति बतायेगा। उदाहरण के लिए 221 नम्बर की कृति के लिए एकल अंक निम्नानुसार होगा—

64 के समूह में चौथे समूह में	4 अंक
8 के समूह में तीसरे समूह में	3 अंक
समूह के अन्दर पांचवें स्थान पर	5 अंक
इस प्रकार 221 का एकल अंक	435 हुआ

कृति अंक प्रदान करने की प्रक्रिया की जटिलता को समाप्त कर रंगानाथन ने अपनी पुस्तक प्रोलेगोमेना के तृतीय संस्करण में वर्णक्रम युक्ति के नियम में संशोधन कर कृतियों का अंक वर्णक्रम युक्ति से देने पर जोर दिया है। वास्तव में एक लेखक की सभी कृतियों की आख्या अलग-अलग होती है, अतः इस वर्ण-क्रम युक्ति से प्रत्येक कृति स्वयमेव अलग-अलग हो जाती है।

उपरोक्त पहलू सूत्र से यह साफ पता चलता है कि रंगानाथन ने साहित्य का विभाजन सर्वप्रथम अलग-अलग भाषाओं में किया है। भाषा के बाद साहित्य के स्वरूप विभाजन का आधार बनाया है। इसका सीधा अर्थ यह हुआ कि यदि एक लेखक दो विभिन्न भाषाओं में पुस्तक लिखता है तो उसकी रच-नाओं को इकट्ठा एक स्थान पर नहीं रखा जा सकता। इसी प्रकार एक साहित्य-कार अपनी रचना अलग-अलग स्वरूपों में करता है तो उनको भी इस वर्गीकरण प्रणाली द्वारा एकत्रित कर एक स्थान पर नहीं रख सकते। उदाहरण के तौर पर मुंशी प्रेमचन्द की कृतियां हिन्दी और उर्दू में हैं, दोनों को अलग-अलग स्थानों पर रखना पड़ेगा। इसी प्रकार जयशंकर प्रसाद के उपन्यास, नाटक और कविताओं से सम्बन्धित पुस्तकें अलग वर्गांक के आधार पर अलग-अलग हो जाएंगी। कुछेक पाठक एवं ग्रन्थालयी इस अलगाव को अच्छा नहीं मानते।

पुस्तक लेखक या उसकी कृति की आलोचना से सम्बन्धित है तो ऊर्जा

परवर्ती सामान्य एकल 'g' योजक चिह्न कोलन (:) के साथ उपयोग किया जाता है। आलोचना लेखक की है तो लेखक के जन्म वर्ष यानि [P3] के पश्चात अगर कृति की आलोचना है तो [P4] के पश्चात एकल 'g' लगाया जायेगा। आलोचना विशिष्ट विषय से सम्बन्धित है तो विषय अंक विषय युक्ति के द्वारा लगाया जायेगा।

साधारणतया प्रायोगिक वर्गीकरण के समय पुस्तक का शीर्षक भर दिया जाता है। एक कुशल और योग्य छात्र वर्गकार के लिए उसके भाषा, स्वरूप, लेखक का पता करना कोई कठिन नहीं होता। उसको पता कर उसे पहलू सूत्र अनुसार व्यवस्थित कर वर्गांक बनाया जा सकता है। जैसे पुस्तक है—'रामचरित मानस' यह पुस्तक गोस्वामी तुलसीदास जिनका जन्म 1534 में हुआ था काव्य-मय स्वरूप में लिखी गई हिन्दी भाषा की पुस्तक है। अत: इसका वर्गांक इस प्रकार बनेगा—

O हिन्दी, कविता तुलसीदास, रामचरित मानस

O 152, 1J34, 1

यदि वर्णक्रम युक्ति का प्रयोग किया जाये तो [P4] में उपयोग किये गए '1' के स्थान पर 'रा' अक्षर का प्रयोग किया जायेगा। जैसे—

O152, 1J34, रा

इसी प्रकार अन्य उदाहरणों को देखिये—

हेमलेट : विलियम शेक्सपियर (जन्म 1564)

O111, 2J64, हे

मुंशी प्रेमचन्द : गोदान (जन्म 1880)

O152, 3M80, गो

मुंशी प्रेमचन्द का आलोचनात्मक अध्ययन

O152, 3M80 : g

गोदान : मुंशी प्रेमचन्द का आलोचनात्मक अध्ययन

O152, 3M80, गो : g

मुंशी प्रेमचन्द के उपन्यासों के नारी पात्रों का अध्ययन

O152, 3M80 : g(Y15)

उर्वसी : रामधारी सिंह "दिनकर" (जन्म 1908)

O152, 1NO8, उ

गीतांजली : रवीन्द्रनाथ ठाकुर (जन्म 1861)

O157, 1M61, गी

शहर में घूमता आइना : उपेन्द्र नाथ अश्क (जन्म 1910)

O152, 3N10, 21

मीराबाई की भक्ति काव्यकला (जन्म 1555)

O152, 1J55 : g(Q)

हिन्दी कविता संग्रह (माना सबसे छोटे लेखक की जन्म तिथि 1949 है)

O152, 1xN5.

संग्रह किसी विषय से सम्बन्धित हो तो उसे विषय युक्ति से विभाजित करते हैं।

प्यार की कविताओं का संग्रह

O152, 1x(S : 55)

हिन्दी की धार्मिक कविताओं का संग्रह

O152, 1x(Q)

सामाजिक कवियों के कविताओं का संग्रह
(सबसे छोटे कवि की जन्म तिथि 1952)

O152, 1x(Y)N5

हिन्दी साहित्य का इतिहास (1972)

O152vN7

नानक सिंह की जीवनी (जन्म 1897)

O153, 3M97w

इसमें जन्म तिथि एक बार उपयोग की जा चुकी है अतः दुबारा उपयोग नहीं किया गया।

रसीदी टिकट : अमृता प्रीतम की स्वजीवनी (जन्म वर्ष 1919)

O153, 1N19w, 1

34

P-भाषा विज्ञान

(LINGUISTICS)

इस मुख्य वर्ग में विभिन्न भाषाओं और उसकी समस्याओं का अध्ययन किया जाता है। इसका पक्ष (पहलू) सूत्र कुछ उलझनपूर्ण है, क्योंकि इसके [P2] में एक से अधिक दो विषय एक साथ आते हैं। इसका सूत्र निम्नानुसार है—

P[P], [P2][P3] : [E][2P]

[P] भाषा (इसे अध्याय 5 पृष्ठ 2.26 से 2.27 तक से लेते हैं)

[P2] उपभाषा या भाषा का युग या दोनों हैं।

[P3] भाषा के तथ्य।

[E][2P] भाषा के क्रियात्मक पहलू हैं।

जिस स्थान की उपभाषा होती है उसे भौगोलिक युक्ति द्वारा लाकर कर '9D' लगाते हैं; और उसे विस्तृत करते हैं।

यदि युग (समय) एवं उपभाषा दोनों एक साथ आते हैं तो पहले युग पक्ष आता है और बाद में उपभाषा का पक्ष आता है। युग और उपभाषा के पक्षों के बीच कामा (,) लगाकर अलग किया जाता है।

हिन्दी भाषा P152

हिन्दी उपभाषा P152, 9D

पाकिस्तानी हिन्दी P152, 9D44Q7

बघेली हिन्दी P152, 9D448111

आधुनिक हिन्दी P152, N

आधुनिक बघेली हिन्दी P152, N, 9D448111

प्राचीन अंग्रेजी P111, D

वैदिक काल की संस्कृत भाषा P15, A

भाषा व्याकरण P : 2

हिन्दी में संयुक्त शब्दों की बनावट P152, 303 : 2

हिन्दी सर्वनाम P152, 34

हिन्दी शब्दों का उच्चारण P152, 3 : 1

शब्दकोषों (एक भाषी या बहुभाषी) के वर्गांक बनाने के लिए विशेष नियम हैं। शब्दकोषों में शब्दों के अर्थ दिये रहते हैं, इसका पक्ष सूत्र इस प्रकार है—

[P] भाषा (शब्द) : [अर्थ]

नियम P44 पृष्ठ 1.106 के अनुसार ऊर्जा श्रेणी के एकल अंक 4 या 5 और पांच के उप-विभाजन हों तो [P3] श्रेणी नहीं लगाते।

सामान्य रूप से "हिन्दी शब्दकोष" का वर्गांक P152, 3 : 4k बनता है परन्तु नियमानुसार ऊर्जा पहलू '4' है अतः [P3] का अंक '3' नहीं आयेगा। और उपर्युक्त वर्गांक अब निम्नानुसार बनेगा—

P152 : 4k

हिन्दी भाषा में शब्दों का बनना P152 : 53

इसमें भी [P3] का अंक '3' नियमानुसार नहीं लगाया गया है। इसी प्रकार एक अन्य उदाहरण अंग्रेजी में दूसरी भाषा के उधार लिए गए शब्द

P111 : 58

दो भाषायी शब्दकोषों में [P] मात्र उस भाषा से लिया जाता है जिसमें शब्द दिये गए हों, जिस भाषा में अर्थ दिया जाता है उस भाषा का एकल अंक पुस्तक अंक (Book Number) में लिया जाता है। इस प्रकार द्विबिन्दु वर्गीकरण में दो भाषायी शब्दकोषों का वर्गांक बनाना सरल हो गया है।

अंग्रेजी हिन्दी कोष P111 : 4k

(यहां हिन्दी का अंक नहीं लगा है)

इसी प्रकार हिन्दी अंग्रेजी कोष P152 : 4k

(यहां अंग्रेजी का एकल अंक नहीं लगा है)

अनुवाद कला P : 795

हिन्दी एवं अंग्रेजी में शब्दों के उच्चारण की तुलना P111ov52 : 1

जो भाषाएं अध्याय 5 पृष्ठ 2.26 से 2.27 तक में सूचीकृत नहीं की गई हैं उनको भौगोलिक युक्ति द्वारा लेते हैं। जैसे—

चीनी भाषा P41

जापानी भाषा P42

कृत्रिम भाषाओं (जो किसी विशेष कार्य के लिए या किसी विशेष समूह द्वारा बनाई गई हों और वे आम प्रचलन में न हों) के एकल अंक [P] में '99' को और आगे काल युक्ति द्वारा विभाजित कर बनाई जाती है। जैसे—

एस्प्रान्टो भाषा का व्याकरण P99M87 : 2

35

Q-धर्म
(RELIGION)

द्विबिन्दु वर्गीकरण के अनुसार यह एक साधारण मुख्य वर्ग है। इस वर्ग में कोई विशेष नियम नहीं है। इसका पक्ष (पहलू) सूत्र निम्नानुसार है—

Q [P] : [E] [2P]

इसमें [P]=विभिन्न धर्म हैं।

[E] [2P]=धार्मिक गतिविधियां (व्यक्तिगत एवं सामूहिक) धार्मिक ढंग, धार्मिक रीति-रिवाज, धार्मिक केन्द्र आदि हैं।

ईसाई धर्म का इतिहास	Q6*v*
हिन्दू पुराण	Q2 : 1
बाइबिल	Q6 : 2
(यह ईसाइयों की धार्मिक पुस्तक है)	
श्री गुरु ग्रन्थ साहिब	Q8441 : 2
हिन्दू उपनिषद	Q2 : 24
गुरु नानक देवजी	Q8441 : 33
(ये सिक्ख धर्म के संस्थापक थे)	
श्री गुरु गोबिन्द सिंह	Q8441 : 332
भारत में रोमन कैथोलिक धर्म का प्रचार	Q62 : 51.44
सुन्नी मुसलमानों के पवित्र दिन	Q71 : 43
जैनियों के त्यौहार	Q3 : 457
हिन्दू मन्दिर	Q2 : 45
गिरजाघर	Q6 : 45
गुरुद्वारा	Q8441 : 45
मस्जिद	Q7 : 45

धार्मिक रीति-रिवाज	Q : 4
ईश्वर	Q : 31
भक्ति	Q : 414
पुनर्जन्म	Q : 366
जैन एवं बुद्ध धर्म के ग्रन्थों का तुलनात्मक अध्ययन	Q30 m 4 : 2
(यह अन्तर पक्ष दशा सम्बन्ध है)	
ईसाई धर्म का इस्लाम पर प्रभाव	Q7 or 6
(यह अन्तर पक्ष प्रभाव दशा सम्बन्ध है)	

36

R-दर्शन शास्त्र

(PHILOSOPHY)

इस मुख्य वर्ग का क्षेत्र काफी विस्तृत है। इस कारण से रंगानाथन ने इस मुख्य वर्ग का तात्कालिक विभाजन इसके प्रामाणिक वर्गों में किया है। जो कि निम्नानुसार है—

R1 तर्कशास्त्र (Logic)

R2 ज्ञानमीमांशा (Epistemology)

R3 आध्यात्मिक विद्या (Metaphysics)

R4 नीतिशास्त्र (Ethics)

R5 सौन्दर्य शास्त्र (Aesthetics)

R6-R8 अलग-अलग देशों के दर्शन, जिसमें

R6-भारतीय दर्शन (Indian Philosophy)

R7 उस दूसरे देश का दर्शन जिस देश के दर्शन शास्त्र पर पुस्तकालय में सबसे अधिक पुस्तक हों।

R8 शेष सभी देशों के दर्शन शास्त्र, इसे भौगोलिक युक्ति (Geographical Device) द्वारा बनाना है।

किसी विषय विशेष का दर्शन अपने विषय के मुख्य वर्ग में ही रखा जाता है। इस परिस्थिति में दर्शन शास्त्र ऊर्जा पक्ष के रूप में उपयोग किया जाता है। जैसे—

इतिहास का दर्शन	V :(R)
विज्ञान का दर्शन	A :(R)

तर्क शास्त्र एवं ज्ञान मीमांशा के एकलों के अंक अनुसूची में दिये गये हैं। इसके अंक नियमानुसार बनाये जाते हैं।

आगमनात्मक तर्क	R 11
ज्ञान की श्रेणियां	R 199

रंगानाथन की ज्ञान की पांच श्रेणियां R 2999N5
(यहां पर इसको प्रणाली मानकर काल युक्ति द्वारा लिया गया है।)

R3 आध्यात्मिक विद्या (Metaphysics)

इसका पहलू सूत्र निम्नानुसार दिया है—

R3 [P], [P2]

[P] विषय दृष्टिकोण है।

[P2] विषय है इसे विषय युक्ति (Subject Device) द्वारा लेना है।

आदर्शवाद	R 321
पदार्थवाद	R 33
ईसाई धर्म में पदार्थवाद	R 33,(Q6)
हैसियत	R 37
समाज में हैसियत	R 37,(Y)

R4 नीति शास्त्र (Ethics)

इसका पक्ष (पहलू) सूत्र निम्नानुसार है—

R4 [P], [P2]

[P] विषय शीर्षक है।

[P2] इसमें विषय को सीमित किया गया है। इसमें कुछ एकल अंक दिये हैं शेष को विषय युक्ति द्वारा लिया जाना है।

वैज्ञानिक नीतिशास्त्र R4, (A)

परिवार नीतिशास्त्र R4, (Y)

ताश के खिलाड़ियों के लिये नीतिशास्त्र R 4631

"R 46" एकल अंक का विभाजन निर्देशानुसार "MY शारीरिक शिक्षा" के एकल अंकों द्वारा किया जाना है। इस प्रकार ताश के खेल का वर्गांक 'MY 31' दिया गया है और उसके नीतिशास्त्र का अंक उपर्युक्तानुसार होगा।

सामाजिक नीति सिद्धान्तों का मूल्य R43, 7

R6 भारतीय दर्शन (Indian Philosophy)

रंगानाथन ने इसे प्रत्येक देश को अपने-अपने देश के दर्शन के लिये निश्चित किया है। उदाहरण के लिये पाकिस्तानी अपने देश के लिये R6 का उपयोग कर सकते हैं। इसी प्रकार अमरीकी दर्शन के लिये अमेरिका में R6 का उपयोग किया जा सकता है। लेकिन रंगानाथन ने स्वयं इस दुविधापूर्ण स्थिति को दूर करने के लिये 'R6' केवल भारतीय दर्शन के लिये नियत कर इसका विस्तार

किया है। भारतीय दर्शन के प्रतीक प्रामाणिक ग्रन्थों के बने बनाये अंक द्विबिन्दु वर्गीकरण के तीसरे भाग में पृष्ठ 3.34 से 3.53 तक दिये हैं। कुछ कठिन एवं जटिल विषयों के वर्गांक बनाने के लिये यह भाग काफी सहायक होता है।

R6 भारतीय दर्शन का पक्ष (पहलू) सूत्र निम्न है—

R6 [P], [P2]

[P] भारतीय दर्शन का उपविभाजन एवं प्रकार है।

[P2] विषय या पुस्तक का नाम है।

योग दर्शन में ज्ञान मीमांसा	R 635, 2
न्याय दर्शन	R 625
न्याय दर्शन में सौन्दर्य अध्ययन	R 625,5

यहां [P2] में '5' सौन्दर्य शास्त्र R5 से लिया गया है।

अद्वैतवाद में भगवत गीता का दर्शन	R 66,7
द्वैतवाद में तर्क सिद्धान्त	R 68, 91
बौद्ध दर्शन में ज्ञान मीमांसा	R 694, 92
भारतीय दर्शन केन्द्र	R.44, d, 9N

R7 समर्थक दर्शन प्रणाली

यह मात्र उस देश के दर्शन शास्त्र के लिये सुरक्षित है जिसकी अधिक से अधिक पुस्तकें पुस्तकालय में मौजूद हों। जैसे—किसी पुस्तकालय में यूनानी दर्शन की पुस्तकों की संख्या अधिक है तो वह पुस्तकालय यूनानी दर्शन के लिये R7 वर्गांक का प्रयोग कर सकता है। यह अंकों के बचत का सबसे अच्छा माध्यम है।

R8 अन्य प्रणालियां (Other Systems)

अन्य देशों से सम्बन्धित दर्शन प्रणालियों को भौगोलिक युक्ति के द्वारा लिया जाता है। जैसे—

अमेरिकन दर्शन R 873

(अमेरिका का भौगोलिक एकल में अंक 73 है)

इसी प्रकार

पाकिस्तानी दर्शन	R 844Q7
यूरोपीय दर्शन	R 85

37

S-मनोविज्ञान

(PSYCHOLOGY)

द्विबिन्दु वर्गीकरण प्रणाली की ओर से यह एक साधारण अनुसूची है। इसकी विशेषता यह है कि इसमें अलग-अलग प्रणालियां हैं और इसमें ऊर्जा पक्ष का दूसरा आवर्तन [2E] भी है। नियमानुसार [2E] पक्ष तभी लगाया जायेगा जब [E] पहलू लगा हुआ हो। इसका पक्ष (पहलू) सूत्र निम्नानुसार है—

S[P] : [E][2P] : [2E][3P]

[P] मनुष्य की आयु, लिंग, सामाजिक स्थिति, मानसिक स्थिति है। यह केवल अकेले व्यक्ति जो मनोवैज्ञानिक अध्ययन के अधीन है, को दर्शाता है। इसमें अध्यारोपण युक्ति (Superimposition Device) का भी प्रयोग हो सकता है।

[E][2P] मनोवैज्ञानिक अध्ययन में प्रयोग होने वाले अलग-अलग विषय हैं, जो मनोवैज्ञानिक क्रियाएं हैं।

[2E][3P] यह मात्र [E] के 2 और 3 एकल अंक के लिये है इसमें आगे आने वाली समस्याएं हैं।

इस मुख्य वर्ग में दी गई प्रणालियां निम्न हैं—

SM प्रयोगात्मक मनोविज्ञान (Experimental)
SM9 मनोविश्लेषण (Psycho-analytic)
SN गेस्टाल्ट मनोविज्ञान (Gestalt)
SN1 व्यावहारिक मनोविज्ञान (Behavioristic)
SN14 व्यक्तिवाचक मनोविज्ञान (Individualistic)
SN17 परिवर्तनवाद मनोविज्ञान (Resexology)
SN2 प्रकारवाद मनोविज्ञान (Typological)
SN3 क्षेत्र मनोविज्ञान (Field)
SN36 'हम' मनोविज्ञान (We)

इसके आगे भी काल युक्ति का प्रयोग कर मनोविज्ञान की नयी प्रणालियों के वर्गांक बनाये जा सकते हैं। जैसे—

मानविकी मनोविज्ञान SN5

अन्य उदाहरण—

बाल मनोविज्ञान S1

अध्यापकों के लिए बाल मनोविज्ञान S1obT

(यह अन्तर्विषय दृष्टिकोण सम्बन्ध है।)

स्त्रियों और पुरुषों में मनोवैज्ञानिक अन्तर S51 ow 5

(यह अन्तर पंक्ति अन्तर सम्बन्ध है।)

अलग-अलग व्यवसायों के मनोविज्ञान को विषय युक्ति द्वारा लेना है। जैसे—

व्यावसायिक मनोविज्ञान S4

वैज्ञानिकों का मनोवैज्ञानिक अध्ययन S4(A)

साहित्यकारों का मनोविज्ञान S4(O)

कलाकारों का मनोविज्ञान S4(M)

अन्य उदाहरण—

वृद्ध औरतों की भावनाओं का अध्ययन S38-51 : 5

शिशुओं में सुनने की शक्ति का मनोवैज्ञानिक अध्ययन S11 : 23

बाल मनोविश्लेषण SM9, 1

व्यक्तित्व S : 7

(इसमें मनोविज्ञान निहित है)

बच्चों के व्यक्तित्व का मनोविश्लेषण SM9, 1 : 7

शिशु में सुनने की प्रक्रिया S11 : 23

मनोवैज्ञानिक चिकित्सा S : 86

क्षेत्र मनोविज्ञान के अनुसार लड़कियों में गुस्से का अध्ययन SN3, 25 : 524

घ्राण इन्द्रियों की मनोभौतिकी S : 24 : 5

मनोमिती (Psychomitry) S : 3 : 6

भारतीय मनोवैज्ञानिक संगठन S.44, g, 9N

जरनल आफ ह्यूमनेस्टिक साइकालाजी SN5m73,N

इन्डियन जरनल आफ साइकालाजी Sm44, N

इन्डियन साइकालाजिकल आब्सट्रैक्ट Sam44, N

38

T-शिक्षा
(EDUCATION)

इस मुख्य वर्ग में बहुत ही आसान एवं यंत्रवत ढंग से गहन एवं सूक्ष्म विषयों का वर्गीकरण सम्भव है।

इसमें याद रखने योग्य बात यह है कि व्यक्तित्व पक्ष के दूसरे आवर्तन में दूसरा स्तर भी [2P2] उपस्थित है। इसके साथ-साथ इसमें शिक्षा की अलग-अलग प्रणालियां भी दी गई हैं। इसका पक्ष (पहलू) सूत्र निम्नानुसार है—

T [P] : [E] [2P], [2P2]

[P] विद्यार्थियों को उनके स्तर, लिंग एवं अन्य प्रकारों में विभाजित कर इसमें रखा है।

[E] शैक्षणिक मामले, गतिविधियां, कार्य आदि हैं।

[2P] इसमें पढ़ाये जाने वाले विषय हैं जिन्हें विषय युक्त के द्वारा लिया जाना है।

[2P2] इसमें अलग-अलग शैक्षिक ढंग है। प्रत्येक [E] पक्ष के लिए अलग-अलग [2P2] पक्ष दिये गये हैं।

इसमें वर्गांक बनाना निम्न उदाहरणों से आसानी से समझा जा सकता है—

पाठ्यक्रम T : 2

लड़कियों को बीजगणित पढ़ाने की विधि T55 : 3 (B2)

भारतीय इतिहास की शिक्षा T : 3 (V44)

व्याख्यान विधि द्वारा लड़कियों को बीजगणित की शिक्षा

T55 : 3 (B2), 97

शिक्षा का दर्शन T : (R)

विश्वविद्यालय के छात्रों की परिचर्चा विधि द्वारा भारतीय इतिहास की शिक्षा T4 : 3 (V44), 98

महाविद्यालयीन छात्रों की रसायन विज्ञान की मौखिक परीक्षा द्वारा

योग्यता का मूल्यांकम T42 : 5 (E), 7

वर्धा प्रणाली द्वारा शैक्षणिक प्रबन्ध TN3 : 8

निर्देशानुसार "T : 8" शैक्षणिक प्रबन्ध की 'X : 8' के उपविभाजन अनुसार आगे विभाजित कर विस्तृत किया जाता है।

महाविद्यालय की प्रबन्धक समिति T42 : 82

विश्वविद्यालय में वित्तीय प्रबन्ध T4 : 8D

शारीरिक शिक्षा T : 6

प्रारम्भिक शिक्षा में बच्चों के गृह कार्य T15 : 4,1

प्रारम्भिक शिक्षा में बच्चों को गणित का गृह कार्य T15 : 4 (B), 1

ग्रामीणों की शिक्षा के लिये पाठ्यक्रम T9(Y31) : 2

भारतीय परीक्षा प्रणाली T : 5,5.44

भारत में शिक्षा का इतिहास (1956) Tv44 'N56

ठाकुर रणभत सिंह महाविद्यालय रीवा (म० प्र०)
T42.448111, d, ठा

अवधेश प्रताप सिंह विश्वविद्यालय रीवा (म० प्र०)
T4.448111, d, अ

39

U-भूगोल
(GEOGRAPHY)

द्विबिन्दु वर्गीकरण में U-भूगोल ऐसा मुख्य वर्ग है। जिसमें व्यक्तित्व [P] श्रेणी के अतिरिक्त अन्य कोई श्रेणी नहीं है। [P] के सभी एकल एक ही पक्ष प्रथम स्तर के व्यक्तित्व [P] में सूचीबद्ध किये गये हैं। इसीलिए किसी भी प्रकार की कठिनाई उत्पन्न नहीं होती। इसके पहलू सूत्र में मात्र व्यक्तित्व श्रेणी है जो निम्नानुसार है—

U[P]

[P] भौगोलिक उपविषय है।

स्थान एवं समय श्रेणियों का उपयोग इस मुख्य वर्ग में अधिकतर उपयोग किया जाता है।

इस मुख्य वर्ग में वर्गांक निम्नानुसार बनाये जा सकते हैं—

गणितीय भूगोल	U1
नक्शानवीसी	U11
भौतिक भूगोल	U2
ऋतुओं का बनना	U16
जलवायु विज्ञान	U28
हवा का दबाव	U282
पंजाब में सर्दियों में हवा का दबाव	U282.4443 'n7
पंजाब में 1987 की सर्दियों में हवा का दबाव	U282.4443 'N87 'n7.
जीव भूगोल	U33
राजनीतिक भूगोल	U5
आर्थिक भूगोल	U6

भारत के हवाई मार्ग	U6435.44
यात्रा	U8
दुनिया की सैर	U8.1
हिमालय पर चढ़ना	U8.4.g7H
हिन्द महासागर की सैर	U8.95
भूगोल एवं भू-विज्ञान में अन्तर	HodU

40

V–इतिहास
(HISTORY)

रंगानाथन इस मुख्य वर्ग को राजनीति विज्ञान मुख्य वर्ग से इतना अधिक घुला-मिला दिया है कि उसे अलग करना कठिन है। द्विबिन्दु वर्गीकरण के पृष्ठ 1.115 से 1.116 तक में दोनों को अलग-अलग करने के लिए नियम V32 दिया है; इस नियम द्वारा दोनों विषयों को अलग करना आसान हो गया है। उन विषयों को, जो राजनैतिक विचार से सम्बन्धित हैं, राजनीति विज्ञान मुख्य वर्ग में स्थान देते हैं।

इस मुख्य वर्ग की एक विशेषता और है। अन्तर्राष्ट्रीय सम्बन्ध "V : 19" अंक को मुख्य वर्ग का स्थान देकर उसके लिए एक अलग पहलू सूत्र दिया है।

मुख्य वर्ग 'V' इतिहास का पहलू सूत्र निम्न है—

V [P], [P2] : [E] [2P]

[P] स्थान, देश, राज्य आदि हैं। इसे भौगोलिक युक्ति से लेना है।

[P2] सरकार के अंग हैं।

[E] [2P] शासकीय कार्य, गतिविधियां आदि हैं।

निम्न उदाहरण देखें—

भारत का इतिहास 1857 से 1947 तक

V 44 'N47←M57

सामान्य नियम के अनुसार उल्टे तीर (←) का प्रयोग करते हुये अन्तिम समय को पहले रखते हैं और प्रथम या प्रारम्भिक समय को बाद में रखते हैं।

इस मुख्य वर्ग में अध्यारोपण युक्ति (Superimposition Device) का प्रयोग जब एक देश का शासन दूसरे देश पर हो या एक देश की बस्ती दूसरे देश देश में हो तब करते हैं। जैसे—

भारत में फ्रांसीसी बस्तियों की कहानी V 44-53

भारत में अंग्रेजी साम्राज्य V44-56

अंग्रेजी साम्राज्य की कहानी V1-56

राष्ट्रीय अन्तर्राष्ट्रीय संगठनों के ऐतिहासिक अध्ययन हेतु संगठनों के अंक काल युक्ति द्वारा बनाये जाते हैं। जैसे—

यू० एन० ओ० का इतिहास V1N 4

राष्ट्रमन्डलीय राष्ट्रों का इतिहास V1N48

किसी राजनैतिक समूह, संस्था और देश के अंगों का ऐतिहासिक अध्ययन हो तो उसका मुख्य वर्ग 'V' इतिहास ही होता है।

भारत के प्रधान मन्त्री की शक्तियां V44,21 : 3

अमेरिकी संविधान का इतिहास V73 : 2

भारत में निजी धार्मिक स्वतन्त्रता V 44 : 58 (Q)

किसी नेता, राजनीतिज्ञ, शासक आदि की जीवनी के लिए मुख्य वर्ग V का ही प्रयोग करते हैं। इस मुख्य वर्ग में जीवनी के लिए एकल अंक "w" के स्थान पर "*y* 7" का प्रयोग किया जाता है। जैसे—

श्रीमती इन्दिरा गान्धी (जन्म 1919)

V44y7 N19

श्रीमती इन्दिरा गांधी का प्रधानमन्त्री के रूप में जीवनी

V 44, 21*y* 7 N19

किसी राजनैतिक दल विशेष का अंक उसके गठन वर्ष के आधार पर काल युक्ति द्वारा बनाते हैं। जैसे—

राजनैतिक दल V, 4

भारत के राजनैतिक दल V44,4

भारतीय राष्ट्रीय कांग्रेस (1885 में स्थापित)

V44,4 M85

भारतीय जनता पार्टी (1980 में गठित)

V44,4 N80

V : 19 अन्तर्राष्ट्रीय सम्बन्ध

V : 19 विदेश नीति का उपविभाजन जो V मुख्य वर्ग की अनुसूची पृष्ठ 2.108 के प्रथम कालेम में 191 राजनय (Diplomacy) से लेकर 1954 निशस्त्रीकरण (Disarmament) तक दिया है, को हटा दिया है और उसके स्थान पर अनुलग्न पृष्ठ 28 पर दी गई अनुसूची का प्रयोग करना है।

रंगानाथन ने V : 19 विदेश नीति (अन्तर्राष्ट्रीय सम्बन्ध) को मुख्य वर्ग का दर्जा देते हुए उसका पहलू सूत्र निम्नानुसार अनुलग्न पृष्ठ 25 पर दिया है

V : 19 [P], [P2]

[P] इसमें वे देश आते हैं जिनका विदेश नीति के साथ सम्बन्ध हो ।
[P2] विदेश नीति का विषय है । यह विषय विषय युक्ति से अथवा अनुलग्न पृष्ठ 28 पर दिए गए विषय से लेना है ।
V इतिहास का [P] [P2] पूर्व बताये गए अनुसार ही लेना है ।
मुस्लिम देशों के प्रति भारत की विदेश नीति
V [भारत] : [विदेश नीति] [मुस्लिम देश]

V 44 : 19 1(Q7)

अमेरिका द्वारा पाकिस्तान का शस्त्रीकरण

V 73 : 1944Q7, (zS)

(इसमें विदेश नीति निहित थी)
अमेरिका और रूस के बीच शीत युद्ध का अन्त

V 73 : 1958, (zE)

भारत रूस सांस्कृतिक का सम्बन्ध

V44 : 1958, (Y:1)

41

W–राजनीति शास्त्र

(POLITICAL SCIENCE)

इतिहास और राजनीति शास्त्र मुख्य वर्गों में काफी समानता है। वास्तव में आज की राजनीति कल इतिहास हो जाती है। इस कारण से इन दोनों में विभेद करना और कठिन है। रंगानाथन द्वारा दिये गये नियमों के आधार पर 'V' इतिहास मुख्य वर्ग को अलग करने के बाद राजनीति विज्ञान विषय को समझने में कोई कठिनाई नहीं रह जाती। इन दोनों मुख्य वर्गों में इतनी समानता है कि दोनों के पहलू सूत्र और उसकी सूची एक समान है।

W [P], [P2] : [E] [2P]

[P] शासन के प्रकार

[P2] शासन या सरकार के अंग हैं जो कि 'V' इतिहास मुख्य वर्ग से लाना है।

[E] [2P] राजनैतिक मामले, गतिविधियां एवं शासकीय कार्य आदि हैं। यह भी मुख्य वर्ग 'V' इतिहास से लिया जाना है।

कुछ विषयों के वर्गांक नीचे दिये गए हैं जिससे समझने में आसानी हो सकती है।

लोक प्रशासन W, 8

इसमें [P] अन्तर्निहित है।

लोकतन्त्र में प्रधानमन्त्री की शक्तियां

W 6, 21 : 3

लोकतन्त्र में न्यायपालिका की शक्तियां

W 6,7 : 3

भारत में पंचायतों का कार्य

(यहां भारत एक लोकतांत्रिक देश है अतः [P] लुप्त होने के बावजूद

लोकतांत्रिक शासन का एकल अंक '6' लायेंगे और वर्गांक इस प्रकार होगा।

W6, 64 : 3.44

संसद (पार्लियामेंट) W, 3

नागरिक कर्त्तव्य W : 59

अन्तर्राष्ट्रीय सम्बन्ध W : 19

(यह ऐतिहासिक अध्ययन न होकर अकादमिक अध्ययन है इसलिए इसका मुख्य वर्ग W राजनीति विज्ञान है)

राजनीति विज्ञान पर सूची पत्र (1982)

WaN9

इतिहास एवं राजनीति का सम्बन्ध

VoaW

भारतीय राजनीतिक संगठन

W. 44, g, 9N

42

X-अर्थशास्त्र

(ECONOMICS)

इस मुख्य वर्ग का पहलू सूत्र (Facet formula) निम्नानुसार है—

X[P]; [M] : [E] [2P]

[P] आर्थिक व्यापार, आर्थिक क्षेत्र, आर्थिक साधन आदि है।

[P]8 यानी X8 में उत्पादन या औद्योगिक अर्थशास्त्र है, अलग-अलग उद्योग विषय युक्ति द्वारा बनाये जायेंगे।

[M] मात्र 'X61' मुद्रा के लिए है। यह मुद्रा का माध्यम है, जो कि पृष्ठ 2.112 के पहले कालम के अन्त में दिए हैं जो कि निम्न हैं—

सोना 1

चांदी 2

तांबा 3

कागज 4

मुद्रा के अन्य माध्यम आवश्यकता पड़ने पर विषय युक्ति द्वारा बनाये जा सकते हैं।

[E] [2P] आर्थिक समस्यायें, कर्मचारी प्रबन्ध, मजदूर समस्यायें हैं।

ऊर्जा पक्ष की कुछ मुख्य बातें निम्नानुसार हैं—

—[P] '62' बेंक एवं '72' कर की अपनी-अपनी अलग ऊर्जा है जो पृष्ठ 2.114 पर दूसरे कालम में दी गई है। ऐसे सम्बन्धों में 'X' अर्थशास्त्र के अन्य ऊर्जा एकल उपयोग नहीं करते।

—'X : 9' कर्मचारी प्रबन्ध और मजदूर समस्याओं के तीन उपविभाजन किये गये हैं।

1. प्रथम भाग कम से कम कठोर खण्ड है, इसे अरबी अंकों 1 से 9 तक अर्थात् से 91 से 99 तक विभाजित किया है।

2. दूसरा भाग अधिक कठोर खण्ड है, इसे 9A से 9W तक अर्थात् 99A से 99W तक विभाजित किया गया है।
3. तीसरा भाग सबसे कठोर खण्ड है, इसे रोमन बड़े अक्षरों A से Q तक अर्थात् 9A से 9Q तक विभाजित किया गया है।

यदि किसी "X : 9" एकल का केन्द्र एक से अधिक भागों में फैला हो तो सबसे पहले सबसे कठोर खण्ड फिर कठोर खण्ड फिर कम से कम कठोर खण्ड आता है। इन्हें स्तरों की भांति प्रयोग किया जाता है और प्रत्येक स्तर के बाद कामा (,) लगाते हैं। इन अंकों में संयुक्त '9' को प्रथम बार उपयोग किये जाने के पश्चात् दुबारा उपयोग नहीं करते। कुछेक उदाहरण उपरोक्त नियम को समझने में सहायक होंगे। जैसे—

'स्त्रियों का पारिश्रमिक'

इसमें पारिश्रमिक (Wage) "X : 9" के प्रथम भाग में '93' में है और स्त्रियां 'X : 9' के तीसरे भाग में '9F' में है। नियमानुसार '9F' प्रथम स्तर बनेगा और 93 द्वितीय स्तर बनेगा और '9F' में '9' का उपयोग हो जाने के पश्चात् '93' से '9' को हटाकर केवल '3' का प्रयोग करेंगे, इस प्रकार उपर्युक्त विषय का वर्ग अंक निम्नानुसार बनेगा X : 9F, 3

इस प्रकार बुद्धिजीवी कर्मचारी की पेन्शन X : 99N,581

क्लर्कों के लिए पेन्शन X : 99P, 581

कागज उद्योग में क्लर्कों के लिए पेन्शन X8 (M13) : 99P, 581

अप्रशिक्षित कैदियों में लाभ का विभाजन X : 9Q, 9C, 36

अन्य मुख्य वर्गों की भांति इसमें भी आर्थिक प्रणालियां एवं अर्थशास्त्र के विशेष क्षेत्र निर्धारित स्थान पर यानी अनुसूची के अन्तिम स्थान पर पृष्ठ 2.114 पर दिए गए हैं। यहां स्मरण करने योग्य है कि यदि व्यक्तित्व पहलू प्रणाली या विशेष के बाद आये तो कामा (,) लगाना आवश्यक है इसी प्रकार प्रणाली एवं विशेष के बीच कामा (,) लगाया जायेगा। अलग-अलग प्रणालियां एवं विशेष क्षेत्र निम्नानुसार दिए गए हैं—

X9A विशेष
X9B छोटे पैमाने पर
X9D बड़े पैमाने पर
X9S व्यक्तिगत उद्यम
X9V सार्वजनिक उपयोगिता
X9W सार्वजनिक उद्यम
XA अलग-अलग प्रणालियां (काल युक्ति द्वारा)
XB युद्ध आर्थिकता

XM सहकारिता
XM2 समाजवाद
XN1 संघ समाजवाद
XN साम्यवाद
XN19 तकनीकी तंत्र

कुछ उदाहरण निम्न हैं जो विषय को समझने में सहायक होंगे—

बैंक X62

छोटे बैंक X9B, 62

सहकारी बैंक XM, 62

छोटे सहकारी बैंक XM, 9B, 62

छोटे सहकारी बैंकों में ब्याज की दर XM, 9B, 62 : 11

बड़े पैमाने के साइकिल उद्योग के उत्पादन आंकड़े (भारत में 1982 में)
X9D, 8 (D5125) : 2.44 'N82(S)

कार्यालय प्रबन्ध X : 8M

ब्रिटिश में कागजी मुद्रा का इतिहास 1972 तक X62; 4v56, N72

ब्रिटिश में सोने के सिक्कों की कीमत X62; 1 : 7.56

पंजाब में जीवन स्तर X : 16.4443

वित्त एवं लेखा X : 8C

भारत में 1988 में साइकिलों का उत्पादन
X8 (D5125) : 2.44'N88

पंजाब में 1988 में गेहूं की खपत X8 (J382) : 1.4443'N88

भारतीय आर्थिकता X.44

इण्डियन इन्सटीट्यूट ऑफ इकोनामिक्स X.44, e4, इ

पंजाब नेशनल बैंक X62.44, d, 9M

43

Y-समाजशास्त्र
(SOCIOLOGY)

इस मुख्य वर्ग में मनुष्य के सामूहिक आचार या व्यवहार के अतिरिक्त समाज की सामूहिक समस्याओं का अध्ययन किया जाता है। इसमें मानवीय सभ्यता, मानव विज्ञान एवं मानवीय प्रजातियों का अध्ययन भी होता है। सामाजिक मनोविज्ञान का वर्गीकरण मनोविज्ञान मुख्य वर्ग में किया जाता है। इस मुख्य वर्ग का पहलू सूत्र निम्नानुसार है—

Y[P] : [E] [2P] : [2E] [3P]

[P] मानवीय समूह है। इसमें कुछ एकलों को बनाने के लिए अध्यारोपण विधि एवं विषय युक्ति का प्रयोग करते हैं।

[E] [2P] मानवीय समूह के सामाजिक क्रियाकलाप, समस्यायें, आवश्यकतायें एवं व्यवहार, सरगर्मियों आदि का अध्ययन किया जाता है।

[2E] [3P] समस्याओं के कारण, हल, आदि हैं।

'Y : 4 सामाजिक बुराइयों' के अलग [2E] एकल दिये हैं।

यहां याद रखने योग्य बात यह है कि ऊर्जा पक्ष दो आवर्तनों में है अतः पहला आवर्तन आ जाने के पश्चात् ही दूसरा आवर्तन [2E] आ सकेगा। कुछ उदाहरण नीचे दिए हैं—

सामाजिक विकास Y : 7 : 7

इसमें समाज का व्यक्तित्व, जिसका विकास होना है, निहित है। अतः ठीक वर्गांक बनाने के लिए [E] पक्ष जो यहां '7' है लगाना आवश्यक है।

आर्यों की सभ्यता Y73(P1) : 1

ग्रामीण समाज Y31

स्त्री समाज Y15

ग्रामीण स्त्रियों का सामाजिक अध्ययन Y15—31

ग्रामीण स्त्रियों में अन्धविश्वास Y15-31 : 354

ग्रामीण बाढ़ पीड़ितों के लिए दान Y31 : 4355 : 68

कर्मचारी वर्ग में धार्मिक प्रचार द्वारा नशाबन्दी
Y49 : 411 : 5 (Q : 5)

भारत में सामाजिक बुराइयों की रोकथाम Y : 44 : 5.44

द्राविड़ लोगों के कृषि उपकरण Y73 (P3) : 83 (J)

आदिवासियों के जेवर Y72 : 86

मध्य प्रदेश में नशाबन्दी Y74455 : 411 : 5

यहां निर्देशानुसार 'Y7' का उपविभाजन भौगोलिक युक्ति द्वारा किया गया है, इसमें 4455 म० प्र० का स्थान एकल है।

हिन्दुओं में नामकरण संस्कार Y73 (Q2) : 3411

जननांकिकी Y : 5

विज्ञान का समाज पर प्रभाव YogA

विज्ञान का समाज से संबंध AoaY

मध्य प्रदेश की गरीब बस्तियों का सर्वेक्षण Y : 434.4455 t4

ग्रामीण एवं शहरी जीवन का तुलनात्मक अध्ययन Y310v3
(यह अन्तर पंक्ति तुलना सम्बन्ध है)

अठारहवीं शताब्दी के अमेरिकनों में गुलामी प्रथा Y773 : 492 'L

भारत में गरीबी के कारण Y : 434 : 2.44

समाज विज्ञान कोष Yk

गुरु नानक जरनल आफ सोसियालाजी Ym44, N81

उत्तर भारत के भूकम्प पीड़ितों के लिए सहायता कार्य 1991.
Y : 436 : 67.44.9S 'N91

44

Z–विधि

(LAW)

मुख्य वर्गों की पंक्ति में विधि सबसे अन्तिम वर्ग है। इसे अन्त में रखने के पीछे रंगानाथन की क्या भावना थी उसे इसी से समझा जा सकता है कि इसके बाद कुछ भी नहीं शेष है। यह सामाजिक विधिक ज्ञान है। यह वास्तव में मानवीय जगत द्वारा बनाये गये नियमों की सीमा है। इसका पहलू सूत्र निम्नानुसार है—

Z[P], [P2], [P3], [P4] : [E] [2P]

यहां ध्यान देने योग्य बात यह है कि [P2] एवं [P3] के बीच कामा (,) का उपयोग किया जाना आवश्यक है, जो कि अन्य मुख्य वर्गों में उपयोग नहीं किया जाता।

[P] वह व्यक्ति, समूह अथवा समुदाय है जो कि विधि के घेरे में आता है। इस पहलू को भौगोलिक युक्ति अथवा विषय युक्ति द्वारा लिया जाता है। यदि किसी देश से सम्बन्धित कानून हो तो उसे भौगोलिक युक्ति से, यदि सामाजिक वर्ग का कानून हो तो उसे विषय युक्ति द्वारा लाते हैं। यहां यह ध्यान देने योग्य बात है कि विधि मात्र मानवीय समूह के क्षेत्र के लिये है न कि विषय के लिए। विषय से सम्बन्धित विधि को उसी विषय में वर्गीकृत किया जाता है।

[P2] विधिक मनुष्य है।

[P3] यह परिवर्तनशील पक्ष है। यह [P2] के अनुसार बदलता रहता है अतः रंगानाथन ने इसे विधि एक कहा है।

[P4] यह विधि का दूसरा भाग है जो कि [P3] '7' के लिये है अन्य के लिए नहीं।

[E] [2P] यह मात्र [P2] '98' विधिक प्रलेखों से सम्बन्धित है।

इसे और स्पष्ट करने के लिए निम्न उदाहरण दिये जा रहे हैं—

अन्तर्राष्ट्रीय विधि Z1

अन्तर्राष्ट्रीय के लिये विश्व का एकल अंक '1' लिया गया है।

जापानी विधि Z42

मुस्लिम विधि Z(Q7)

मुस्लिम समुदाय जो कि [P1] है को विषय युक्ति से लिया गया है।

हिन्दू सम्पत्ति उत्तराधिकार कानून Z(Q2), 2,6.

भारतीय विधि Z44

पंजाबी कानून Z4443

भारतीय विवाह कानून Z44,122

ब्रिटिश में मौखिक संधि कानून Z56,3,21

रूस में विधिक प्रलेखों के पंजीकृत करने सम्बन्धी कानून

Z58,98 : 3

[P2] में A से D तक से एकल अंक युद्ध सम्बन्धी कानून के लिये दिये गये हैं। पृष्ठ 2.121 पर दिये गये निर्देशानुसार उपरोक्त ABCD के पश्चात् [P2] में दिये गये समस्त एकल अंक प्रयोग किये जाते हैं। इनके यानी A से D के [P3] एकल अंक पृष्ठ 2.123 पर अलग दिये गये हैं।

अन्तर्राष्ट्रीय युद्ध विधि Z1,A

युद्ध के समुद्री कानून Z1,A215

जंगी कैदियों के अन्तर्राष्ट्रीय विधि Z1,A,6

हवाई युद्ध की घोषणा सम्बन्धी कानून Z1,D,1

समुद्री युद्ध के लिए समुद्री जहाजों का कानून Z1,C265

भारतीय सुप्रीम कोर्ट Z44,81

मध्य प्रदेश हाई कोर्ट Z4455,83

मध्य प्रदेश हाई कोर्ट के वकील Z4455,83,5

भारतीय एवं ब्रिटिश कानून की तुलना Z44om 56

(यह अन्तर पक्ष तुलना सम्बन्ध है)

सम्पत्ति सम्बन्धी भारतीय एवं ब्रिटिश कानून की तुलना

Z44om56, 2

केरल ला टाइम्स (1949) Zm44, N4

45

ग्रन्थांक
(BOOK NUMBERS)

वर्गीकरण का प्रमुख उद्देश्य प्रत्येक प्रलेख को एक विशिष्ट क्रम और स्थान प्रदान करना है। यह तभी सम्भव है जब सभी प्रलेख को एक केवल एक अंक दिया जाए। प्रलेख एक भौतिक वस्तु है इसमें ज्ञान संग्रहीत रहता है; जबकि ज्ञान आकार रहित निराकार है। ग्रन्थालय वर्गीकरण प्रलेखों का वर्गीकरण है, यह बात अलग है कि इसका मूल आधार ज्ञान वर्गीकरण है। इसलिये इन ज्ञान के भण्डारों का वर्गीकरण किया जाता है। इस प्रकार इन प्रलेखों को वर्गीकरण के लिये कई प्रक्रियाओं से गुजरना पड़ता है।

सर्वप्रथम प्रलेख में संग्रहीत ज्ञान के आधार पर वर्गीकरण किया जाता है उसके पश्चात् प्रलेख के बाह्य स्वरूप के आधार पर वर्गीकरण करते हैं। इन वर्गीकरणों से प्रत्येक प्रलेख को कृत्रिम भाषा में एक अंक मिल जाता है, जिसे क्रामक अंक (Call Number) कहते हैं। रंगानाथन इस अंक को तीन अंकों का योग मानते हैं। तीनों अंक निम्नवत हैं—

1. वर्गांक (Class Number)
2. ग्रन्थांक (Book Number)
3. संग्रह अंक (Collection Number)

1. वर्गांक (Class Number)

पुस्तक या प्रलेख में वर्णित विषय के आधार पर जो अंक प्रदान किया जाता है उसे वर्गांक कहते हैं। वर्गांक प्रदान करने के लिए दी गई विभिन्न प्रणालियों में से द्विबिन्दु वर्गीकरण द्वारा वर्गांक प्रदान करने की विधि का इस पुस्तक में अध्याय 44 तक वर्णन किया जा चुका है।

2. ग्रन्थांक (Book Number)

इसे पुस्तक अंक या प्रलेख अंक (Documents Number) भी कहते हैं। प्रलेख के भौतिक तथ्य या गुण जैसे लेखक, शीर्षक, भाषा, प्रकाशन वर्ष आदि के आधार पर दिये गये अंक को ग्रन्थांक कहते हैं। यह अंक प्रत्येक प्रलेख को एक निश्चित क्रम नियत करता है।

3. संग्रह अंक (Collection Number)

प्रलेख के बाह्य स्वरूप जैसे पुस्तक, पत्र-पत्रिका, हस्तलिपि, फिल्म आदि को आधार मानकर प्रदान किये अंक को संग्रह अंक कहते हैं। इसका वर्णन अगले अध्याय से किया गया है।

ग्रन्थांक (Book Number)

रंगानाथन ने ग्रन्थांक को अंतिम वर्ग (Ultimate Class) की संज्ञा दी है। उन्होंने प्रलेख के बाह्य स्वरूपों के आधार पर वर्गीकृत कर उसके स्थान को नियत कर दिया है। वास्तविकता यह है कि वर्गांक का कार्य जिस स्थान पर समाप्त हो जाता है वहीं से ग्रन्थांक का कार्य प्रारम्भ हो जाता है।

ग्रन्थांक की आवश्यकता और कार्य

—वर्गांक के साथ मिलकर प्रलेख को एक पूर्ण क्रम अंक प्रदान करता है।
—पुस्तकालय में प्रत्येक प्रलेख के स्थान की जानकारी ग्रन्थांक से होती है।
—प्रलेख को वापस उसके नियत स्थान में रखने में सहायक होता है।
—प्रलेखों के आदान-प्रदान की प्रक्रिया में गति प्रदान करता है।
—किसी लेखक द्वारा एक विषय पर लिखी पुस्तकों का संग्रह एक स्थान पर हो जाता है।
—सूची में भी प्रत्येक प्रलेख का स्थान नियत करने में आसानी होती है।

ग्रन्थांक प्रदान करने की प्रणालियां

जिस प्रकार प्रलेख में संग्रहीत ज्ञान को वर्गीकृत कर उसे एक वर्गांक प्रदान कर लिया जाता है, उसी प्रकार प्रलेख को उसके भौतिक तथ्य या गुण जैसे लेखक का नाम, पुस्तक का शीर्षक, भाषा, आकार, प्रकाशन वर्ष, स्थान आदि आधार पर पुस्तक अंक (ग्रन्थांक) प्रदान किया जाता है। पुस्तक अंक के लिये एक से अधिक गुणों का एक साथ प्रयोग किया जा सकता है। पुस्तक अंक की सभी

प्रणालियां 1876 के बाद ही व्यवहार में आयीं। पुस्तक अंक प्रदान करने की विभिन्न प्रणालियां निम्न हैं—

1. लेखक चिह्न प्रणाली
2. प्रकाशन वर्ष पर आधारित प्रणाली
2.1 द्विबिन्दु वर्गीकरण की पुस्तक अंक प्रणाली।

1. लेखक चिह्न (Author Marks)

पुस्तक के लेखक के नाम को कृत्रिम भाषा में परिवर्तित करके लेखक चिह्न दिया जाता है। इसके लिए विभिन्न विधियों का प्रयोग किया जाता है—

11. ओलिन ग्रन्थ संख्या (Olin Book Number)

ड्यूवी डेसिमल क्लासीफिकेशन के तेरहवें संस्करण के परिशिष्ट में एक विशिष्ट प्रकार के चिह्नों की सूची दी गई है जिसे (Olin Book Number) ओलिन ग्रन्थ संख्या कहा जाता है। इसमें लेखक के नामों को 'A' में परिवर्तित करके एक अंक दिया गया है यह, अंक 'A1' से प्रारम्भ हुआ है। जैसे—

A	A11
Ba	A12
Day	A25
Ea	A35 आदि, आदि

12. लेखक कुल नामों की विधि

लेखक कुल नामों के प्रथम तीन अक्षरों का प्रयोग कर लेखक अंक दिया जाता है। जैसे—

Agrawal	AGR
Sharma	SHA

वास्तव में इस विधि का प्रयोग कर पुस्तक को पृथक नहीं किया जा सकता।

13. लेखक उपनाम चिह्न—

लेखक के उपनाम के पहले अक्षर के पश्चात् अंकों का प्रयोग करने का तरीका ड्यूवी दशमलव वर्गीकरण के 14वें संस्करण में दिया गया है, जो कि 1943 में प्रकाशित हुई। इसके आधार पर फ्रीमैन का अंक F85 होगा।

14 कटर लेखक चिह्न (Cutter Author's Marks)

चार्ल्स ऐमी कटर ने 1878-79 में ग्रन्थ संख्या निर्माण हेतु लेखक सारणी के साथ अपना तरीका दिया है जो कि निम्न है—

—लेखक के उपनाम का पहला अक्षर जब व्यंजन (Consonant) हो तो लेखकों के उपनाम के पहले अक्षर के बाद दो अंकों का उपयोग किया।

जैसे—	Bredd	B34
	Brimble	B77

—लेखक के उपनाम का पहला अक्षर जब स्वर हो अथवा 'S' हो उपनाम के दो अक्षरों का प्रयोग कर एक अंक का उपयोग करते हैं।

जैसे—	Abbott	Ab2
	Saini	Sa1

—जब उपनाम की शुरुआत Sc के साथ हों उपनाम के तीन अक्षर का उपयोग कर एक अंक का प्रयोग करते हैं।

जैसे—	Scammon	Sca5

अंकों को लगाने के लिए कटर ने एक लेखक सारणी बनाई है जो काफी लोकप्रिय है।

15. कटर-सैनवॉर्न लेखक चिह्न

मिस केट ई० सैनवॉर्न ने तीन अंकों की लेखक सारणी बनाई, जो कटर के सुझाव के साथ तैयार की गई। इसे कटर-सैनवॉर्न लेखक सारणी कहते हैं। यह सारणी दूसरी प्रणालियों से सन्तोषजनक है एवं बहुत से पुस्तकालयों में प्रचलित है। इसके अनुसार लेखक के उपनाम के पहले अक्षरों के पश्चात् तीन अंकों का प्रयोग किया जाता है। जैसे—

Scott, W	S431
Shaw, W	S537

पुस्तकालयों में इस सारणी का प्रयोग करते समय पुस्तक के शीर्षक का पहला अक्षर भी अन्त में लगाया जा सकता है। जैसे—

ड्यूवी डेसिमल क्लासी फिकेश : मेलविल ड्यूवी

D519D

16. मेरिल लेखक संख्या

विलियम स्टेटसन मेरिल ने लेखक चिह्न के लिए एक अलग सारणी दी है। उसके अनुसार वर्णमाला को 1 से 100 अंकों में विभक्त कर लेखक के नाम से सम्बन्धित अंक प्राप्त कर लेते हैं।

01	A
06	B
14	C
21	D
25	E
28	F
99	X

Z की सारणी से

James A Watson का अंक 96 होगा।

17. ब्राउन लेखक अंक

ब्राउन ने अपनी विषय वर्गीकरण प्रणाली (Subject classification) में लेखक चिह्नों की व्यक्तिगत श्रृंखला का प्रयोग किया है। उसी के अनुसार लेखक के नामों का अंक प्रदान किया जाता है।

18. जास्ट लेखक संख्या

एल० स्टेनली जास्ट ने एक बहुत ही सुव्यवस्थित एवं सुप्रसिद्ध लेखक संख्या योजना तैयार की है। उन्होंने लेखक के नाम से प्रथम दो अक्षर लेकर कई लेखकों के लिए क्रम अंक 1, 2, 3 आदि का प्रयोग किया है। जैसे—

Sharma	SH
Shrivastava	SH1
Shrotriya	SH2

इसी प्रकार एक ही लेखक की विभिन्न कृतियों के अंक भी इसी विधि से प्रदान किये जा सकते हैं। जैसे—

शेक्सपियर :	Macbeth	SHA.M
	Marchent of Venice	SHA.M1

2. प्रकाशन तिथि के आधार पर

लेखक नामों के अलावा पुस्तक के प्रकाशन वर्ष का भी प्रयोग पुस्तक अंक प्रदान करने में किया जाता है। इसमें कई विधियां दी गई हैं, इनमें से कुछ निम्न हैं—

21. बिस्को अंक

यह प्रणाली 1885 में बिस्को ने तैयार की इस प्रणाली के अनुसार पुस्तक

के प्रकाशन वर्ष को पुस्तक अंक का आधार बनाया जाता है। विस्को ने प्रकाशन वर्ष को कृत्रिम भाषा में बदलने के लिए निम्न सारणी दी है—

A ईसा पूर्व (BC)	N 1870—1879
B 0—999 (AD)	O 1880—1889
C 1000—1499	P 1890—1899
D 1500—1599	Q 1900—1909
E 1600—1699	R 1910—1919
F 1700—1799	S 1920—1929
G 1800—1809	T 1930—1939
H 1810—1819	U 1940—1949
I 1820—1829	V 1950—1959
J 1830—1839	W 1960—1969
K 1840—1849	X 1970—1979
L 1850—1859	Y 1980—1989
M 1860—1869	Z 1990—1999

उपर्युक्त सारणी का प्रयोग कर किसी भी वर्ष के अंक प्रदान किये जा सकते हैं। जैसे—

1605	E05
1905	Q05
1991	Z01

21. राइडर ग्रन्थ संख्या—

राइडर ने अपने अन्तर्राष्ट्रीय वर्गीकरण प्रणाली में विस्को समय सारणी में संशोधन कर अपनी एक अलग सारणी और विधि दी है; जिसका प्रयोग कर पुस्तक अंक दिया जा सकता है।

प्रकाशन वर्ष के आधार पर दिए जाने वाले पुस्तक अंक से लाभ

प्रकाशन वर्ष को आधार मानकर पुस्तक अंक देने से निम्न लाभ हैं—

—पाठक आमतौर पर किसी विषय पर नई पुस्तकों की मांग करता है, इस विधि के अनुसार उसको एक स्थान पर रखी मिल जाती हैं।

—पुस्तकों को प्रकाशन वर्ष के आधार पर रखने से साहित्य की उत्पत्ति को समझना एवं अध्ययन करना बहुत आसान बन जाता है।

—विषय का इतिहास लिखने वाले विद्वानों को इससे काफी मदद मिलती है।

—पुस्तक अंक बनाना आसान और कम समय लेने वाला है।

—यह विधि रंगानाथन के पांच सूत्रों (Five laws of Library Science) को सन्तुष्ट करती है।

—इस विधि से पुस्तकालय प्रबन्ध में सुगमता हो जाती है।

उपर्युक्त लाभों को देखते हुए भी उपर्युक्त विधियां भी त्रुटिपूर्ण हैं।

3. द्विबिन्दु का पुस्तक अंक प्रणाली

रंगानाथन ने अपनी वर्गीकरण प्रणाली में पुस्तक अंक प्रदान करने की एक वैज्ञानिक विधि दी है। उन्होंने काफी अध्ययन के पश्चात् पुस्तक के प्रकाशन वर्ष, पुस्तक की भाषा, स्वरूप, खण्ड, पूरक पत्र आदि को ध्यान में रखकर पुस्तक अंक के लिए पहलू सूत्र (Facet formula) दिया है, जो कि अपने योजक चिह्नों के साथ निम्नानुसार है—

[L][F][Y][A](.)[V]—[S]; [C] : [EVN] इसमें

[L] भाषा (Language)

[F] स्वरूप (Form)

[Y] प्रकाशन वर्ष (Publication Year)

[A] प्राप्ति संख्या (Accession part of Book No. or Serial No.)

[V] खण्ड संख्या (Volume No.)

[S] पूरक पत्र (Supplements)

[C] प्रति अंक (Copy No.)

[EVN] मूल्यांकन/आलोचना अंक (Evaluation No. or Criticism No.)

देखने में ऐसा प्रतीत होता है कि यह सूत्र काफी जटिल है, और लम्बे-लम्बे पुस्तक अंक प्राप्त होंगे। लेकिन यह बात नहीं है; पुस्तक अंक काफी छोटा रहता है और बहुत-सी दशा में इस अंक में केवल एक ही पहलू रहता है; और पुस्तक अंक केवल दो ही अंकों का बनता है।

पहलू सूत्र में प्रत्येक पहलू की आवश्यकता, विशेषता एवं अंक बनाने की विधि का विस्तृत वर्णन निम्नानुसार है—

भाषा अंक (Language Number)

द्विबिन्दु वर्गीकरण में एक ही वर्गांक की पुस्तकों का पहला गुण उसकी भाषा है। इसके द्वारा एक ही विषय की पुस्तकें अपनी भाषा के आधार पर एक स्थान पर एकत्रित हो जाती हैं। पाठक सामान्य रूप से एक ही भाषा की पुस्तक

की मांग करते हैं, और उनको इस विधि से उनकी पुस्तक आसानी से प्राप्त हो जाती है।

यह अंक द्विबिन्दु के 1963 के संस्करण के पृष्ठ 2.26 से 2.27 पर दिए भाषा के अंक से बनाये जाते हैं।

ऐसे प्रकरण जिनमें भाषा एकल लगाने की आवश्यकता नहीं पड़ती, वे प्रकरण निम्नानुसार है—

—पुस्तकालय की या उसके अधिकांश पाठकों की भाषा की पुस्तकों में भाषा अंक नहीं बनाए जाते, क्योंकि अधिसंख्य पुस्तकें उसी भाषा में पाई जाती हैं।

—मुख्य वर्ग साहित्य और भाषा विज्ञान की पुस्तकों में यह अंक उपयोग नहीं किया जाता क्योंकि इसमें एक बार भाषा अंक प्रयोग किया जा चुका होता है। यह तब प्रयोग होता है जब पुस्तक की भाषा वहां की भाषा से भिन्न हों।

—पत्र, पत्रिकाओं आदि में भी भाषा एकल की आवश्यकता नहीं पड़ती।

स्वरूप (Form)

स्वरूप पुस्तक के बाह्य स्वरूप की अभिव्यक्ति करता है। जैसे माइक्रोफिल्म, टेप आदि। प्रलेखों के इन स्वरूपों के एकल की सारणी एवं उनके अंक द्विबिन्दु वर्गीकरण में पृष्ठ 2.3 पर दिये गए हैं। ये अंक रोमन वर्णमाला के छोटे अक्षरों में है और उनके साथ हिन्दी-अरबी अंकों का भी प्रयोग किया गया है।

पुस्तकालय की अधिकांश पुस्तकें जिस स्वरूप में हों उस स्वरूप का पुस्तक अंक नहीं दिया जाता।

वर्ष अंक (Year Number)

पुस्तक अंक प्रदान किये जाने वाले पहलुओं में यह सबसे महत्वपूर्ण पहलू है और कोई पुस्तक अंक इसके बिना नहीं हो सकता। पुस्तक के प्रकाशन वर्ष का इसमें प्रयोग किया जाता है। रंगानाथन ने द्विबिन्दु के पृष्ठ 1.13 पर समय सारणी (Chronological Table) दी है। इसीका प्रयोग कर प्रकाशन वर्ष को एक कृत्रिम भाषा में बदल कर पुस्तक अंक प्रदान करते हैं। इस टेबल में I और O का प्रयोग नहीं किया है। समय सारणी निम्न है :—

A Before 1880	E 1910—1919
B 1880—1889	F 1920—1929
C 1890—1899	G 1930—1939
D 1900—1909	H 1940—1949

J	1950—1959	T	2040—2049
K	1960—1969	U	2050—2059
L	1970—1979	V	2060—2069
M	1980—1989	W	2070—2079
N	1990—1999	X	2080—2089
P	2000—2009	Y	2090—2099
Q	2010—2019	ZA	2100—2109
R	2020—2029	ZB	2110—2119
S	2030—2039	ZC	2120—2129
		ZD	2130—2139

इस सारणी को इच्छानुसार बढ़ाया जा सकता है। इस सारणी का हर रोमन अंक एक दहाई को दर्शाता है। जब किसी विशेष वर्ष का एकल अंक बनाना होता है तो उस दहाई के साथ उस वर्ष का अंक जोड़ दिया जाता है। उदाहरण के लिए—

1880	BO
1900	DO
1910	EO
1982	M2
1991	N1

इस प्रकार किसी भी वर्ष का एकल अंक बनाया जा सकता है। 1973 में मुद्रित रूसी भाषा की पुस्तक का पुस्तक अंक '142L3' होगा। इसमें '142' रूसी भाषा का और 'L3' वर्ष 1973 का एकल अंक है। यही प्रलेख यदि फिल्म के रूप में हो तो अंक होगा '142*f*953L3'। इसमें '*f*953' फिल्म के लिए स्वरूप एकल अंक हैं। इसी प्रकार—

'भौतिक विज्ञान के भाषण'

1969 में मुद्रित हिन्दी भाषी पुस्तक

वर्ग अंक C

पुस्तक अंक 152*p*IK9

परिग्रहण संख्या (Accession part of Book No. or Serial No.)

एक ही वर्ष में एक ही विषय पर दो या अधिक पुस्तकें मुद्रित हो सकती है। ऐसी परिस्थिति में इन सभी पुस्तकों का पुस्तक अंक एक ही होगा। इससे वर्गीकरण का उद्देश्य पूर्ण नहीं होता। रंगानाथन ने इन परिस्थिति में भी पुस्तक अंक प्रदान करने की एक विधि दी है। इस विधि अनुसार एक वर्ष में एक ही विषय पर मुद्रित होने वाली समस्त पुस्तकों में पहली को छोड़कर

सारी में वार्षिक अंक के साथ 1, 2, 3 आदि अंक क्रमानुसार लगाया जाता है। इस प्रकार 1, 2, 3 आदि अंक वार्षिक पहलू का प्राप्त अंक कहा जाता है। उदाहरण के लिए 1963 में प्रकाशित पुस्तकों का पुस्तक अंक निम्नानुसार होंगे—

पहली पुस्तक	K3
दूसरी पुस्तक	K31
तीसरी पुस्तक	K32
चौथी पुस्तक	K33
आदि-आदि।	

इस प्रकार प्रत्येक पुस्तक को अपना नया अंक मिल जाता है। इसका प्रयोग साधारणतया नहीं किया जाता।

खण्ड संख्या (Volume Number)

कभी-कभी पुस्तक एक से अधिक खण्डों में मुद्रित होती है। एक पुस्तक के सभी खण्डों को एक स्थान एकत्रित रखने के लिए रंगानाथन ने परिग्रहण अंक [A] के पश्चात खण्ड अंक 1, 2, 3 आदि जो उस खण्ड का क्रमांक हो लगाने को कहा है। खण्ड अंक लगाने के लिए योजक चिन्ह डाट (.) का प्रयोग करते हैं। उदाहरण के लिए एक पुस्तक 1989 में दो खण्डों में छपी हों तो उसका पुस्तक अंक निम्न होगा।

M9.1 प्रथम खण्ड अंक

M9.2 वित्तीय खण्ड अंक

पूरक अंक (Supplement Number)

कई बार ऐसा भी हो जाता है कि एक पुस्तक छपने के पश्चात् उसमें कुछ और जानकारी सम्मिलित करने की आवश्यकता पड़ती है। ऐसी दशा में पूरी पुस्तक पुनः मुद्रित कराना, और पुरानी पुस्तक को कचड़े में फेंकना पड़ेगा। ऐसी दशा में पूरक पत्र (Supplementry Copy) प्रकाशित कर पुरानी प्रतियों को उपयोग में लाया जा सकता है। इस पूरक पत्र को अलग रखने का कोई औचित्य नहीं होता। अतः पूरक पत्र को मूल पुस्तक के साथ जोड़कर उसका क्रम अंक 1, 2, 3 आदि योजक चिन्ह (—) डैश के साथ जोड़ दिया जाता है। यह अंक खण्ड अंक के पश्चात् लगेगा लेकिन किसी पुस्तक का कोई खण्ड न हो तो वार्षिक अंक के पश्चात् लगेगा। उदाहरण के लिए 1970 में छपी पुस्तक के पूरक पत्र अंक निम्नानुसार होंगे—

L0 मूल पुस्तक का पुस्तक अंक
L0-1 मूल पुस्तक का पूरक पत्र प्रथम
L0-2 मूल पुस्तक का पूरक पत्र द्वितीय

पुस्तक यदि दो खण्डों में हो और प्रथम खण्ड के पूरक हो तो निम्नानुसार पुस्तक अंक प्रदान किया जाता है :—

प्रथम खण्ड L0.1
प्रथम खण्ड का प्रथम पूरक पत्र L0.1—1
प्रथम खण्ड का द्वितीय पूरक पत्र L0.1—-2
द्वितीय खण्ड L0.2

प्रति या कापी अंक (Copy Number)

पुस्तकालयों में एक पुस्तक की एक से अधिक प्रतियाँ मंगाई जाती हैं; इन सभी प्रतियों के वर्गांक एवं उपरोक्त विधि द्वारा पुस्तक अंक भी एक ही होंगे। रंगानाथन ने इन सभी प्रतियों का शेलफक्रम निश्चित करने की आवश्यकता महसूस की, इससे पुस्तक का एक क्रम अंक निश्चित हो जाता है।

रंगानाथन के द्विबिन्दु पुस्तक अंक में प्रति अंक के लिए पूरक पत्र अंक के पश्चात 1, 2, 3 आदि प्रतियों के लिए क्रम देने का प्रावधान है। इन अंकों को सेमीकोलन (;) योजक चिन्ह के साथ जोड़ने को निर्देशित किया है। जैसे एक पुस्तक की एक से अधिक प्रतियां है, तो उसका पुस्तक अंक निम्नानुसार होगा

L4 1974 में प्रकाशित पुस्तक की प्रथम प्रति
L4;1 दूसरी प्रति
L4;2 तीसरी प्रति
......
L4;9 दशवीं प्रति
......
L4;99 सौवीं प्रति

पहली प्रति के साथ प्रति अंक नहीं लगाते।

आलोचना संख्या एवं इसका प्राप्ति अंक (Evaluation Number)

अधिकांश पुस्तकों की आलोचनायें भी प्रकाशित की जाती है। उन सबको आलोचना अंक द्वारा व्यवस्थित किया जाता है। आलोचना के लिए (:g) कोलन स्माल जी का प्रयोग करते है, परन्तु इसका प्रयोग उन पुस्तकों में नहीं करते जो गौरव ग्रंथ (Classics) हैं। एक पुस्तक की एक से अधिक

आलोचनायें प्रकाशित हुई हों तो प्रथम पुस्तक के लिये कोई अंक न देकर शेष दूसरी तीसरी आदि के लिए क्रमशः 1, 2, आदि क्रम दिया जाता है। जैसे—

K5 1965 में छपी पुस्तक

K5 : g उपरोक्त पुस्तक की आलोचना

K5 : g1 उपरोक्त पुस्तक की द्वितीय आलोचना

संस्करण अंक (Edition Number)

रंगनाथन के इस पुस्तक अंक विधि में एक पुस्तक के अलग-अलग संस्करणों को इकट्ठा रखने की कोई विधि नहीं दी है। पुस्तक के प्रत्येक संस्करण अपने प्रकाशन वर्ष के अनुसार रखे जाने पर अलग-अलग स्थानों पर पहुंच जाते हैं, क्योंकि प्रत्येक संस्करणों का अलग-अलग प्रकाशन वर्ष होता है। इस प्रकार एक ही पुस्तक के विभिन्न संस्करणों को अलग-अलग रखने से पाठकों को कोई लाभ नहीं मिलेगा। रंगनाथन ने इन सभी संस्करणों की पुस्तकों को एक साथ रखने के लिए एक विधि दी है। इस विधि अनुसार संस्करण के वर्ष को एकल अंक में बदल कर उसे कापी अंक के समान सेमीकोलन (;) के साथ प्रथम संस्करण के पुस्तक अंक से जोड़ देते हैं। जैसे

K8 1968 में प्रकाशित पुस्तक

K8;L4 1968 में प्रकाशित पुस्तक का 1974 का संस्करण (दूसरा संस्करण)

K8;L4;1 द्वितीय संस्करण की पुस्तक की दूसरी प्रति

···इसी प्रकार आगे भी पुस्तक अंक दिया जा सकता है। संस्करण के लिए यह आसान एवं उत्तम विधि है।

इस प्रकार रंगनाथन द्वारा पुस्तक अंक देने की प्रणाली अपने आप में पूर्ण एवं वैज्ञानिक प्रणाली है। इसका प्रयोग कर आसानी से प्रत्येक प्रकार के प्रलेख को उसका उचित एवं निर्दिष्ट स्थान प्रदान किया जा सकता है।

46

संग्रह् अंक या सामग्री अंक
(COLLECTION NO. OR SEQUENCE NO)

पूर्व में ही यह स्पष्ट किया गया है कि रंगनाथन ने तीन अंकों को मिलाकर एक पुस्तक को क्रामक अंक दिया है। जिसमें प्रथम दो प्रकार के अंक वर्गांक एवं पुस्तक अंक का वर्णन पूर्व के अध्यायों में किया जा चुका है। शेष तीसरे प्रकार के अंक संग्रह् अंक (Collection Number) का वर्णन यहां किया जा रहा है।

पुस्तकालयों में आमतौर पर प्रबन्धकीय कारणों से अलग-अलग प्रकार के प्रलेखों को अलग-अलग प्रकार के संग्रहों जैसे—छोटे आकार की पुस्तक, बड़े आकार की पुस्तक आदि में रखा जाता है। वास्तव में एक पुस्तकालय कई समानान्तर पुस्तकालयों का समूह होता है।

संग्रह् अंक की आवश्यकता—

पुस्तकालय अपने संग्रह को विभिन्न प्रकार के संग्रहों में विभक्त कर संग्रह् अंक देते हैं। उसके निम्न कारण हैं—

(1) **प्रलेखों का स्वरूप**—पुस्तकालय में प्रलेख कई स्वरूपों जैसे पुस्तकों, पत्रिकाओं, सरकारी रिपोर्ट्स, नक्से, स्लाइड्स, टेप, आवाजों के रिकार्ड्स, फिल्स् आदि आदि में होते हैं। यह स्पष्ट है कि फिल्म्स को पुस्तकों की आल्मारियों में नहीं रखा जा सकता इसलिए प्रत्येक प्रकार के प्रलेखों के लिए अलग संग्रह् की आवश्यकता होती है।

(2) **प्रलेखों का आकार**—कई प्रलेख जैसे—एटलस, सन्दर्भ ग्रन्थ आदि कई आकारों में होते हैं। उन्हें आम साधारण पुस्तकों के साथ नहीं रखा जा सकता। इस प्रकार कुछ पुस्तकें छोटे आकार की होती है; उनका अलग संग्रह् बनाया जाता है। ऐसी दुर्लभ पुस्तकें जो बाजार में उपलब्ध नहीं हैं उन्हें भी अलग संग्रहीत करते हैं। इन्हें साधारण पाठकों की पहुंच से दूर रखा जाता है।

(3) **तुरन्त एवं अच्छी सेवा के लिए**—अलग-अलग प्रकार के प्रलेखों के अलग-अलग संग्रह से प्रबन्ध कार्य में आसानी हो जाती है और पाठकों को तुरन्त और अच्छी सेवा प्रदान करने में आसानी होती है।

संग्रह अंक बनाने की विधि—

संग्रह बनाने के लिए किसी वर्गीकरण पद्धति में कोई नियम नहीं दिए गए हैं। प्रत्येक पुस्तकालय अपनी इच्छानुसार इसके लिए नियम बना सकता है। रंगानाथन ने इसके लिए निम्न सुझाव दिये हैं—

छोटे आकार की पुस्तकों के लिए संग्रह अंक न बनाकर पुस्तक अंक के नीचे एक रेखा खींचने को कहा है। जैसे—

वर्ग अंक	X
पुस्तक अंक	J5
संग्रह के लिए रेखा	—

बड़े आकार की पुस्तक के लिए पुस्तक अंक के ऊपर रेखा खींचने को कहा है।

वर्ग अंक	X
संग्रह अंक रेखा	—
पुस्तक अंक	J5

—असाधारण (Abnormal) आकार की पुस्तकों के लिए पुस्तक अंक को छोटे कोष्ठक में बन्द कर संग्रह स्वरूप दर्शाने को कहा है—

वर्ग अंक	X
संग्रह के साथ पुस्तक अंक	(J5)

—दुर्लभ ग्रन्थों के लिए संग्रह अंक 'RR' या 'दु' रखा जा सकता है।

संग्रह अंक	दु
वर्ग अंक	X
पुस्तक अंक	J5

—पाठ्य पुस्तकों के लिए संग्रह अंक 'TX' या 'पा' रखा जा सकता है।

संग्रह अंक	पा
वर्ग अंक	X
पुस्तक अंक	J5

—हस्तलिखित के लिए संग्रह अंक 'MS' या 'ह' रखा जा सकता है।

संग्रह अंक	ह
वर्ग अंक	X
पुस्तक अंक	BO

—पत्रिकाओं के लिए 'PR' या 'पत्र' हो सकता है।

संग्रह अंक	पत्र
वर्ग अंक	X
पुस्तक अंक	J5

—सन्दर्भ ग्रन्थों के लिए 'R' या 'स' लिया जा सकता है।

संग्रह अंक	स
वर्ग अंक	X
पुस्तक अंक	J5

—फिल्मों के लिए 'F' या 'फ' हो सकता है।

संग्रह अंक	फ
वर्ग अंक	X
पुस्तक अंक	J5

इसी प्रकार अलग-अलग प्रलेखों के संग्रह अंक बनाये जा सकते हैं।

पुस्तकालयों में सबसे बड़े संग्रह जो कि छपी पुस्तकों का होता है, का संग्रह अंक नहीं बनाया जाता। इसी कारण अधिकांश पुस्तकें बिना संग्रह अंक के होती हैं।

संग्रह अंक को वर्गांक के पहले लिखा जाता है। संग्रह अंक, वर्ग अंक एवं पुस्तक अंक इस क्रम को मिलाकर बने अंक को क्रामक अंक या क्रम अंक (Call Number) कहते हैं। यह क्रम अंक ही पुस्तकालय के सभी प्रलेखों को अलग-अलग करता है। एक पुस्तक का क्रम अंक किसी अन्य प्रलेख से नहीं मिलता, अतः पुस्तकालय में जितने प्रलेख होंगे उतने ही क्रम अंक मिलेंगे। यह क्रम अंक प्रलेख को एक निश्चित निर्दिष्ट स्थान प्रदान करने में सहायक होते हैं।

47

द्विबिन्दु वर्गीकरण के सातवें संस्करण का अध्ययन

1980 के दशक में वर्गीकरण के क्षेत्र में कई महत्वपूर्ण घटनाएं हुईं, जिसमें बिब्लियोग्राफिक वर्गीकरण प्रणाली का द्वितीय संस्करण; सार्वभौमिक दशमलव वर्गीकरण (U.D.C.) का अन्तर्राष्ट्रीय सामान्य संस्करण (1985), ड्यूवी दशमलव वर्गीकरण का बीसवां संस्करण नये सम्पादकीय समूह के साथ एवं द्विबिन्दु वर्गीकरण के सातवें संस्करण का प्रकाशित होना प्रमुख है। द्विबिन्दु वर्गीकरण के सातवें संस्करण को दो दशक पूर्व आ जाना चाहिये था, लेकिन इसे रंगानाथन के 95वें जन्म दिवस पर प्रकाशित किया गया। यह संस्करण, जो कि केवल एक खण्ड है, रंगानाथन के मरणोपरान्त प्रथम संस्करण है। इस खण्ड के अनुक्रमणिका की प्रतीक्षा है।

रचना (Structure)

इस नये संस्करण में बहुत से परिवर्तन किए गए हैं, जो कि अनिवार्य थे। जहां तक हो सका है अनुसूची, सामान्य एवं विशिष्ट एकलों, प्रारम्भिक संरचना, अंकन और रूपरेखा में पर्याप्त परिवर्तन किया गया है। जैसा कि मालूम है कि इस संस्करण का मात्र एक खण्ड प्रकाशित है, अन्य खण्डों की प्रतीक्षा है। इस प्रथम खण्ड में पांच भाग हैं जो कि A से E तक विभाजित हैं। इन खण्डों का विवरण निम्नानुसार है।

- A से C भाग में भूमिका वर्गांक बनाने के नियम दिये हैं।
- D भाग में सामान्य एकल, स्थान, समय और नये बनाये गए पर्यावरण एकलों की अनुसूची दी गई है।
- E भाग में मुख्य वर्गों की अनुसूची दी गई है।

इस संस्करण में मुख्य वर्गों (Basic or Main Classes) की संख्या लगभग 800 तक दी गई है जो घबराने वाली है। द्विबिन्दु वर्गीकरण में तीन प्रकार के विषय दिये गये हैं—

1. मुख्य विषय (Basic Subjects)
2. संयुक्त विषय (Compound Subjects)
3. जटिल विषय (Complex Subjects)

मुख्य विषय तो आधारभूत विषय है और अन्य विषयों को बनाया गया है। मुख्य विषय संयुक्त और जटिल विषयों का सार है। मुख्य विषय दो प्रकार के हैं—

(A) प्रमुख मुख्य विषय (Main Basic Subjects)
(B) अप्रमुख मुख्य विषय (Non-Main Basic Subjects)

प्रमुख मुख्य विषयों (Main Bacic Subjects) को पुनः निम्न श्रेणियों में विभाजित किया है—

1. परम्परागत मुख्य विषय [Traditional Basic (Main) Classes] जैसे—
   - B गणित (Mathematics)
   - C भौतिक विज्ञान (Physics)
   - D अभियांत्रिकी (Engineering)
   - X अर्थशास्त्र (Economics)
   - Z विधि (Law) आदि-आदि
2. नये उत्पन्न विषय [Newly Emerging basic (Main) Classes] जैसे—
   - 1. विषय जगत (Universe of Subjects)
   - 2. पुस्तकालय विज्ञान (Library Science)
   - 3. पुस्तक विज्ञान (Book Science)
   - 4. जन संचार (Mass Communication)
   - 8. प्रबन्धन (Management)
   - JX वानिकी (Forests)
   - KX पशुपालन (Animal Husbandry) आदि-आदि
3. संयोजी मुख्य विषय (Fused Basic Subjects)
   - GX जीव रसायन (Biochemistry)
   - HV भू-भौतिक (Geophysics)
   - YUG जैविक समाज (Biosociology) आदि

4. आसवित मुख्य विषय (Distilled Basic Subjects) जैसे—
8V नीति विज्ञान (Policy Science)
9b व्यवसाय (Career)
9f अनुसंधान विधि (Research Methodology) आदि-आदि

5. विषय समूह (Subject Bundles) जैसे—
AC सतह विज्ञान (Surface Science)
AD मिट्टी विज्ञान (Soil Science)
AP समुद्र विज्ञान (Ocean Science)
AV रक्षा विज्ञान (Defence Science) आदि
विषय समूहों की संख्या दस है जोकि अध्याय DF पृष्ठ 68 में दिये गये हैं।

6. एकत्रीकृत (Agglomerates)—यह व्यापक कार्य और शोध का परिणाम है कि ये अपने पूर्ववर्ती जमक विषय के साथ एक समूह के लिए उपयोग किये जाते हैं। इसके लिये रंगानाथन ने उस विषय के प्रथम वर्ग अंक के साथ (*) एस्टेरिसक का उपयोग करते हुए बढ़ोत्तर अंक (Increasing digit) Z का उपयोग करते हैं। जैसे—
I*Z वनस्पति विज्ञान (Plant Science)
J*Z कृषि और वानिकी (Forestry)
MZ*Z मानविकी और समाज विज्ञान (Humanities and Social Sciences) आदि-आदि

इस प्रकार से द्विबिन्दु वर्गीकरण के सातवें संस्करण में मुख्य विषयों की संख्या काफी तेजी से बढ़ी है।

अप्रमुख मूल (मुख्य) विषय (Non-Main Basic Subjects) प्रमुख मुख्य विषय के साथ जुड़े होते हैं। प्रामाणिक वर्गों (Canonical Class) को छोड़कर ये अपने स्वभाव से विस्तृत विषय हैं, जो कि परम्परागत मुख्य विषयों के विखण्डन के फलस्वरूप बनते हैं। प्रामाणिक वर्गों को छोड़कर अन्य विषय अपने मुख्य विषय से हाइफन (-) से जुड़ते हैं। अप्रमुख मुख्य वर्ग चार प्रकार के हैं—

1. प्रामाणिक वर्ग (Canonical Class)—ये मुख्य वर्गों के परम्परागत उपविभाजन हैं, जैसे—भौतिक विज्ञान C में
C1 मौलिक भौतिकी (Fundamental Physics)
C3 ध्वनि (Sound)
C4 ऊर्जा (Heat) आदि-आदि

2. प्रणाली घटक (System Constituents) मुख्य विषय की विभिन्न पद्धतियां या प्रणालियां हैं। जैसे—चिकित्सा विज्ञान 'L' में
   L-B आयुर्वेद (Ayurvedic Medicine)
   L-K पाश्चात्य चिकित्सा (Allopathy)
   L-L होमियोपैथी (Homeopathy) आदि-आदि
3. विशेष घटक (Special Constituents) मुख्य विषय के प्रतिबन्धित कुछ निश्चित क्षेत्र हैं। जैसे—चिकित्सा विज्ञान 'L' में
   L-9C बाल चिकित्सा (Child Medicine)
   L-9F वृद्ध चिकित्सा (Geriatrics) आदि-आदि
4. पर्यावरण घटक (Environmental Constituents) मुख्य विषय का अतिरिक्त सामान्य पर्यावरणीय अध्ययन है। जैसे—
   L-9U*x* आन्तरिक चिकित्सा (Space Medicine)
   L-9U3 उष्णकटिबन्ध चिकित्सा (Tropical Medicine) आदि-आदि

वर्गकार आवश्यकता पड़ने पर इन अप्रमुख मुख्य वर्गों की रचना कर सकता है।

पूर्व संस्करणों में दिये गए कुछ संयुक्त विषय और जटिल विषय भी इस संस्करण में मुख्य वर्ग की श्रेणी में आ गये हैं। इनमें से कुछ नीचे दिये जा रहे हैं जो अपने विचार और स्वभाव पर आधारित हैं—

1 विषय जगत (Universe of Subject)
3 पुस्तक विज्ञान (Book Science)
4 जन संचार (Mass Communication)
BT सांख्यकीय गणना (Statistical Calculation)
BV साइबरनेटिक्स (Cybernatics)
CV आंतरिक्ष भौतिकी (Space Physics)
EV संश्लेषित रसायन (Synthetic Chemistry)
FV ढलाईखाना (Foundry)
GV सूक्ष्म जीवविज्ञान (Microbiology)
LT शारीरिक व्यायाम (Physical Exercise)
LMe ईंट बनाना (Brick Making)
M4 लोहारगीरी (Smithy)
MK चमड़ा उद्योग (Leather Work)

PW6 टंकण (Typewriting)

SPYT मनोमिति (Psychometry)

X2 उपभोग अर्थशास्त्र (Consumption Economics)

रंगानाथन ने सहज ही उत्साहित होकर नए-नए वर्गों को प्रस्तुत किया और टंकण 'PW6' और नाभिकीय भौतिक 'C9D' जैसे विषयों को भी समान स्थान दिया। यह कार्य रंगनाथन ने ज्ञान की रचनात्मक वृद्धि और अभिधारणात्मक-आधार के आधार पर किया। इन मुख्य वर्गों को जिस प्रकार रंगनाथन ने व्यवस्थित किया है वास्तव में प्रशंसनीय है। विज्ञान में वर्गों को वैज्ञानिक सिद्धान्त, प्रायोगिक परिवर्तन और सामान्य प्रगति के सार के आधार पर समायोजित किया है, तो समाज विज्ञान में विषय के बनावटीपन के बढ़ते हुए क्रम में व्यवस्थित किया है।

गहन अध्ययन करने पर यह पता चलता है कि बहुत से ऐसे विषय जिन्हें एक साथ होना चाहिए वे एक-दूसरे से बिल्कुल अलग रखे गए हैं। इसी प्रकार कुछ विषय जिन्हें एक-दूसरे से बिल्कुल अलग रखा जाना चाहिए था, उन्हें एक साथ रखा गया है। मिलते-जुलते विषय जो एक साथ होने चाहिए थे उनमें से कुछ निम्न हैं—

3 पुस्तक विज्ञान (Book Science) और

M1 पुस्तक निर्माण (Book Production)

MOR सांगीतिक उपकरण (Musical Instruments) और

M2 काष्ठ कार्य व्यापार (Work trade)

LTO5 बाह्य खेल (Outdoor games) और

MM1 स्पर्द्धा (Racing)

HV7 मौसम विज्ञान (Mateorology) और

U2, 7 जलवायु (Clematography)

Mt कक्षा (Class room) और शैक्षणिक उपकरण (Teaching aids) 'T' शिक्षा के भाग नहीं हैं।

MV सैन्य विज्ञान (Military Science) और AV रक्षा विज्ञान (Defence Science) से पूर्णतः अलग है।

सहायक आनुक्रम में विषयों को व्यवस्थित करते समय रंगानाथन ने अपने आवश्यक सिद्धांतों को भुला दिया है।

सामान्य एकल (Common Isolates)

सामान्य एकल संख्या और प्रकार दोनों अर्थों में अपना महत्व प्रदर्शित करते

हैं। विशिष्ट एकलों की एक बड़ी संख्या उचित स्थिति में सामान्य एकलों में बदल दी गई है। यह कार्य सामान्य बुद्धि से परे है, क्योंकि इसमें अन्तर्ज्ञान का प्रभाव ज्यादा है। यहां सामान्य पदार्थ अधिकार (Common Matter Property) एकलों की एक बड़ी अनुसूची पूर्णरूपेण नए ढंग के साथ अध्याय DL पृष्ठ 95—104 में प्रस्तुत की गई है। उनमें से कुछ निम्न हैं—

a सम्पत्ति (अधिकार) (Property)
aa सिद्धान्त (Theory)
aA विशेष सम्बन्ध (Special Relation)
cz भौतिक सम्पत्ति (Physical property)
el भार (Mass)
nl सौन्दर्य (Beauty)
n6 शैली (Style)
p3 शब्दावली (Terminology)
x4 मूल्य (Value)
z1 वैधता (Legality)

सामान्य ऊर्जा एकलों की विस्तृत अनुसूची अध्याय DK पृष्ठ 93—95 में दी गई है उसमें से कुछ एकल निम्न हैं—

aa कार्य (Action)
ap परिवर्तन (Change)
ael मिलावट (Mix)
aRE सारणी (Tabulate)
aRK परिणाम (Deduce)
r दर्शन (Philosophize)
t3 शिक्षण (Teaching)
x व्यवस्थापन (Management)
y उत्तरदायी (Sponsoring)

पूर्ववर्ती सामान्य एकल (Anteriorising Common Isolate ACI) (अध्याय DN) और सामान्य व्यक्तित्व एकल (Common Personility Isolate PCI) (अध्याय DM) सामान्यतया समान हैं। कुछ नये सामान्य एकल कृत्रिम विषययुक्ति (Psuedo-subject Device) से बनाए गए हैं। जैसे—

सामान्य ऊर्जा एकल (Common Energy Isolate)

एकल		मुख्य वर्ग
p सूचित करना (Communicate)	द्वारा	P भाषा (Linguistic)

r	दर्शन (Philosophize)	,,	R दर्शन (Philosophy)
t3	शिक्षण (Teaching)	,,	T शिक्षा (Education)

सामान्य पदार्थ सम्पत्ति एकल (Common Matter-Property Isolate)

cz	भौतिक सम्पत्ति (Physical property)	C (Physics) भौतिक शास्त्र
ez	रसायनिक सम्पत्ति (Chemical property)	E (Chemistry) रसायनशास्त्र
gz	जैविक सम्पत्ति (Biological property)	G (Biology) जीवविज्ञान
n1	सौन्दर्य (Beauty)	N (Fine Art) ललित कला
s7	व्यक्तित्व (Personality)	S; 7 व्यक्तित्व मनोविज्ञान (Personality Psychology)
z1	वैधता (Legality)	Z विधि (Law)

सामान्य एकल स्वतंत्र रूप से किसी भी वर्गांक में अपने योजक चिह्न के साथ जुड़ सकते हैं। प्रमुख रूप से यहां जो परिवर्तन किया गया है वह यह है कि पूर्ववर्ती सामान्य एकल अब डबल इन्वंटेंड कामा (") से जुड़ेंगे, पहले ये बिना किसी योजक चिह्न से जुड़ जाया करते थे। अब यह स्थिति छोटे अक्षरों वाले विशिष्ट एकलों के लिए हो गई है। जैसे—

Ha सूर्य (Sun)

Hb ग्रह (Planets)

Hc उपग्रह (Satellites)

Hd इस्टेरॉड्स (Aesteroids)

He पुच्छलतारा (Comets)

सामान्य पूर्ववर्ती एकल से सम्बन्धित उदाहरण निम्न हैं—

E "a "m 73,M केमिकल एब्सट्रेक्टज

2; 5"p1,N57 वर्गीकरण पर डॉकिंग सम्मेलन

B "k गणित विश्वकोष (Mathematics encyclopaedia)

अध्याय DD पृष्ठ 54—56 में पर्यावरण विभाजन की एक बड़ी अनुसूची दी गई है। किसी विषय के सामान्य भौतिक और सामाजिक परिवेश के अध्ययन पर इन एकलों का प्रयोग किया जा सकता है।

M271	निर्वात (Vacuum)
M41	निरपेक्ष शून्य (Absolute zero)
Ub1	समुद्री तट (Sea bed)
Uf8	बाढ़ प्रदेश (Flood region)

Uj8 जंगल (Forest)
Um28 बर्फीली चोटी (Snow Cap)
Un4 उच्च स्थान (High altitude)
Us7 द्वीपसमूह (Archipelago)
X1 विकासशील (Underdeveloped)
XX औद्योगिक (Industrial)
Y311 ग्रामीण (Rural)

ये किसी मुख्य वर्ग के साथ (-) हाइफन और "9" के साथ जुड़ते हैं जैसे—

C-9M271 निर्वात भौतिकी (Vacum Physics)
D-9Un4 उच्च अभियांत्रिकी (High altitude engineering)
D3-9Un4 उच्च स्तरीय अभियांत्रिकी (High altitude Irrigation engineering)

स्थान और समय एकल (Space and Time Isolate)

समय एकल की अनुसूची अध्याय DH में और स्थान एकल की अनुसूची अध्याय DJ में दी गई है। समय एकल में सार्वभौमिक दशमलव वर्गीकरण (UDC) का प्रभाव पूर्णरूपेण प्रकट होता है। समय के विभिन्न पहलुओं के कुछ उदाहरण देखें—

दिसम्बर 1987 N87—9512
सूर्योदय (Sun rise) 911
सर्दियों में सूर्यास्त (Sunset During Winter)
964-921
1989 की सर्दियों में सूर्योदय N89-964-911

यहां यह बात ध्यान देने योग्य है कि रंगानाथन ने तारीख को दर्शाने के लिये कोई विधि नहीं प्रतिपादित की है। यह एक कमी है। इसकी आवश्यकता रंगानाथन ने क्यों नहीं समझी, इसके सम्बन्ध में कोई अनुमान नहीं लगाया जा सकता।

अध्याय DJ में स्थान एकलों की विस्तृत अनुसूची दी गई है। इसमें प्रान्त स्तर तक को ही सूचीबद्ध किया गया है। स्थानीय कस्बों, शहरों आदि के अंक वर्णक्रम युक्ति (AD) से प्राप्त करना है। जैसे—

बम्बई	44=O ब
बड़ोदरा	4436=O ब
लंदन	56=O ल

वाशिंगटन	73=O वा
न्यू-यार्क	73=O न+या
टोकियो	42=O ट
कराची	44X=O क

विभिन्न भौगोलिक प्रविष्टियों के एकल अंक भी दिये गये हैं उन्हें भी स्थान एकल के राजनैतिक विभाजन के साथ उपयोग कर सकते हैं। जैसे—

अफ्रीका के पर्वतों का मानचित्र 6=zm7OA

आस्ट्रेलिया के रेगिस्तान 6=zk2

अफ्रीका का सहारा रेगिस्तान 6=zk 2OS

टेम्स नदी 56=zf7OT

युक्तियां (Devices)

द्विबिन्दु वर्गीकरण के छठे संस्करण में दी गई सभी युक्तियों को संख्यात्मक युक्ति (Numerical Devices) के साथ पुन: उपयोग किया गया है। संख्यात्मक युक्ति (Numerical Devices) कोई नई युक्ति नहीं है बल्कि संख्यात्मक माप सिद्धान्त (Principle of Quantitative measure) का अग्रिम विशिष्टीकरण है। जैसे—

—9501 जनवरी (प्रथम माह)

...

—9509 सितम्बर (नौवां महीना) आदि

E1,1 अकार्बनिक पदार्थों का रसायन विज्ञान (Chemistry of Inorganic Substance)

E1,10 शून्य समूह के तत्व

E1,18 आठवें समूह के तत्व

यह युक्ति बिना किसी नाम से छठे संस्करण में उपयोग की जा रही थी। इस संस्करण में अध्यारोपण युक्ति का प्रयोग नाम बदल कर किया जाने लगा है। अब अध्यारोपण के स्थान पर स्पेशियेटर अथवा संयुक्त एकल युक्ति शब्द का प्रयोग करते हैं। देखें द्विबिन्दु के सातवें संस्करण के अध्याय CO पृष्ठ 41 में। जैसे—

बुद्धिमान लड़कियों का मनोविज्ञान S,64-56

यद्यपि स्पेशियेटर की प्रमुख अभिधारणा को (अध्याय CG5 पृष्ठ 31) पूर्णरूपेण स्पष्ट नहीं किया है, फिर भी ये कई प्रकार के बताये गये हैं।

स्पेशियेटर प्रकार-1 (Speciator of Kind 1)

अध्यारोपण युक्ति के अनुसार ही लिये जाते हैं। जब एक एकल विचार दो

विभिन्न प्रकार के एकलों से, जो कि एक ही पक्ष से लिये जा रहे हैं, बनते हैं तो उसे स्पेशियेटर प्रकार-1 कहते हैं। जैसे—

ग्रामीण महिलाओं का समाज Y, 342-21

दूसरे प्रकार के स्पेशियेटर (Speciator of Kind 2)

इसे इक्वल टू (=) चिह्न से जोड़कर एकल अंक बनाते हैं।

हिन्दी बोली P, 152=d

मिथाइल क्लोरीन E1,521=171

वर्णक्रम युक्ति के नियम में थोड़ा-सा परिवर्तन किया गया है। इसके आधार पर बहुपदीय शब्दों में विभिन्न पदों के प्रथम अक्षरों को प्लस (+) से जोड़कर अंक निर्माण करते हैं। जैसे—

शेक्सपियर : मर्चेन्ट आफ वेनिस (जन्म 1564)

O, 111, 2J64, M+V

वर्णक्रम युक्ति और काल्पनिक विषय युक्ति का इस संस्करण में अत्यधिक उपयोग किया है।

दशा सम्बन्ध (Phase Relation)

इस नवीन संस्करण में दशा सम्बन्ध के नियमों में भी कुछ महत्वपूर्ण परिवर्तन किये गये हैं; जिसमें से दो परिवर्तन प्रमुख हैं—

1. दशा सम्बन्ध के लिए उपयोग किये जाने वाले योजक चिह्न '0' शून्य को हटाकर उसके स्थान पर '&' एम्परसन्ड का उपयोग किया गया है।

2. इस संस्करण में एक नया दशा सम्बन्ध और जोड़ा है जिसे उपकरण दशा सम्बन्ध (Tool phase relation) कहते हैं। इस दशा सम्बन्ध के जुड़ जाने से सम्बन्धों की संख्या पाच से बढ़कर छः हो गई है। इस दशा सम्बन्ध का क्रम पांचवा और प्रभाव दशा सम्बन्ध (Inffuencing Phase relation) का क्रम छठा हो गया है। इस दशा सम्बन्ध के लिए तीनों दशाओं विषय, पंक्ति और शृंखला के लिये निम्नलिखित अंक प्रदान किये गये हैं—

e विषय उपकरण दशा सम्बन्ध (Phase Tool Relation)

p पक्ष उपकरण दशा सम्बन्ध (Intra Facet Tool Relation)

x अन्तर पंक्ति उपकरण दशा सम्बन्ध (Intra array Tool Relation),

इस प्रकार दशा सम्बन्ध की सम्पूर्ण सारणी निम्नानुसार हुई—

दशा	अन्तर विषय	अन्तर पक्ष	अन्तर पंक्ति
सामान्य	a	j	t
दृष्टिकोण	b	k	u
तुलना	c	m	v
भेद	d	n	w
उपकरण	e	p	x
प्रभाव	g	r	y

उपकरण दशा सम्बन्ध के प्रथम पक्ष में उस विषय को रखा जाता है जिसमें उपकरण का प्रयोग किया जा रहा हो। द्वितीय पक्ष में उपकरण के रूप में प्रयोग किए जाने वाले विषय को रखते हैं। जैसे—

गणित के उपकरण द्वारा रसा० विज्ञान का अध्ययन E & eB

अन्य सम्बन्धों के कुछ उदाहरण निम्न हैं—

इतिहास और राजनीतिशास्त्र में सम्बन्ध V & aW

गेहूं और चावल की खेती में अन्तर J, 381 & w2

अन्य परिवर्तन (Other Changes)

इस संस्करण में कुछ और परिवर्तन कर पूर्व संस्करणों से भिन्न कर दिया गया है। कुछ प्रमुख परिवर्तन निम्न हैं—

—अनिवार्य परिवर्तन यह है कि मुख्य वर्ग और [P1] व्यक्तित्व के प्रथम स्तर के बीच कामा (,) आवश्यक रूप से लगाने को कहा गया है। जैसे—

2, J3 महाविद्यालय पुस्तकालय

P,111 अंग्रेजी भाषा

S,1 बाल मनोविज्ञान

—नये बने मुख्य वर्गों और संयुक्त विषयों के बीच अन्तर को स्पष्ट करने के लिए भी कामा (,) का प्रयोग किया गया है। जैसे—

2V पुस्तकालय सेवा (Library Science)
मुख्य वर्ग (Basic Class)

2, V पुस्तकालय उपयोग के आधार पर
संयुक्त विषय (Compound Subject)

Z1. सार्वजनिक विधि (Public Law)
मुख्य वर्ग (Basic Class)

Z, 1 अन्तर्राष्ट्रीय विधि (International Law)
संयुक्त विषय (Compound Subiect)

—पदार्थ श्रेणी में भी परिवर्तन किया गया है। छठे संस्करण तक इस श्रेणी का विकास नगण्य था। इस संस्करण में पदार्थ श्रेणी तीन प्रकार की दी गई है। प्रत्येक को योजक चिन्ह (;) से ही जोड़ा जायेगा। तीनों श्रेणियां निम्न हैं—

1. पदार्थ-सम्पत्ति (Matter-Porperty) (MP)
2. पदार्थ-विधि (Matter-Method) (MM)
3. पदार्थ-पदार्थ (Matter-Material) (MMt)

यह प्रथम उदाहरण है जब कोई श्रेणी अपनी ही अन्य श्रेणियों में पुनः विभाजित हुई। वास्तव में यह स्तर और आवर्तनों का परिणाम है। यह अभिधारणा अब यह नहीं प्रदर्शित करती कि अभिधारणायें पांच केवल पांच श्रेणियों से ही मिलकर बनी हैं। देखें अध्याय (P1 पृष्ठ 39)

ऊर्जा श्रेणी को इस संस्करण में पूर्णतः पदार्थ सम्पत्ति (MP) में बदल दिया गया है। जैसे—

CC6	CC7	
2 : 51	2;5	पुस्तकालय वर्गीकरण
L : 4	L;4	मानवीय बीमारी
S : 7	S;7	मनोविज्ञान में व्यक्तित्व

अंकन (Notation)

इस नये संस्करण में अंकन थोड़ा-सा कठिन हो गया है क्योंकि इसमें छः प्रकार के 74 अंकों का प्रयोग किया गया है जो कि निम्न हैं—

1. A/Z बड़े रोमन अक्षर	26
2. ग्रीक अक्षर △	01
3. 0/9 हिन्दी अरबी अंक	10
4. छोटे रोमन अक्षर a/z (i, l और o को छोड़कर)	23
5. संकेतक अंक पूर्ववर्ती क्रम मूल्य के साथ एस्ट्रिस्क (*) डबल इन्वर्टेड कामा (") बैक वर्ड एरो (←)	03
6. सामान्य योजक चिन्ह ( ) & ' . : ; , — = → +	11
योग	74

इनमें से चौदह अंक, जो कि योजक चिन्ह हैं, निरर्थक हैं और साठ सार्थक अंक हैं। ये अंक अपने क्रमिक मूल्य को दर्शाते हैं। ग्रीक अक्षर (△) डेल्टा को M और N के बीच रखा गया है। योजक चिन्हों में 6 अपने बढ़ते हुए क्रम में हैं। पैरेन्थेसिस में स्टार्टर उच्च क्रम मूल्य रखता है और ओरेस्टर कम क्रम मूल्य रखता है। इस सातवें संस्करण में पांच नये योजक चिन्ह लाये गये हैं। जो कि निम्न हैं—

+	=	"	*	&
प्लस	इक्वल	डबल इनवर्टेड कामा	एस्टेरिस्क	एम्पेर्संन्ड

द्विबिन्दु वर्गीकरण में अंकन का क्षेत्र अन्य वर्गीकरण प्रणालियों की अपेक्षा काफी फैला हुआ है। ये वर्गीकरण प्रणाली को प्रभावी, असीमित और ग्राह्य बनाते हैं। इन अंकों का प्रयोग करना कठिन अवश्य है, परन्तु वर्गांक के सरल, संक्षिप्त और समविस्तृत बनाने में सहायक होते हैं।

नये संस्करण का मूल्यांकन (Assessment of New Edition)

नये संस्करण के प्रशंसनीय लक्षण नियमों का सरलीकरण, कुछ नये मुख्य वर्गों की पहचान, स्मृति सहायक अंकों की संख्या में वृद्धि, सामान्य एकलों का विस्तार आदि है। इन सबके बावजूद मुद्रण की गल्तियां एवं कुछ प्रमुख विसंगतियां इसकी सारी अच्छाइयों को छुपा देती है। मुद्रण की गल्तियां तो यहां तक हैं कि पहलू सूत्र (Facet formula) तक इस गल्ती का शिकार हो गए हैं। ये गल्तियां प्रत्येक पृष्ठ में पाठक का साथ नहीं छोड़तीं, इससे नया पाठक घबरा सकता है। यह दोष पुस्तक की उपयोगिता और गुण को अकेले ही नष्ट कर देने वाला है। इस प्रकार की त्रुटियों को इस पुस्तक के सम्पादक मण्डल के सदस्यों को दूर करना चाहिए था।

इस पुस्तक में बहुत सारे विषय अलग-अलग स्थानों पर अलग-अलग अंकों से प्रदर्शित किये गए हैं। इसमें से कुछ निम्न हैं—

विषय	अध्याय DE	अन्य अध्यायों में
सतह विज्ञान (Surface Science)	AXC	AC
मिट्टी विज्ञान (Soil Science)	AXD	AD
पदार्थ विज्ञान (Material Science)	AXF	AE
पानी विज्ञान (Hydro Scienee)	AXF	AN
टंकण (Typewriting)	MXN	PW6

शीघ्र लेखन (Short hand)	M×P	PW7
ज्योतिष (Astrology)	MZX	ΔX
अन्तर्राष्ट्रीय विधि (International Law)	WYB	Z,1

अनुसूचियों का विकास असन्तुलित है। बहुत से वर्गों की अनुसूची काफी विस्तृत है और विशिष्ट एकलों का परिगणन वाङ्गमय आवश्यकता (Literary warrant) से अलग दिखते हैं। कहीं पर सामान्य विषय भी अनुसूची में नहीं दिखाई देते।

9s कम्प्यूटर्स (Computers) की अनुसूची में कोई एकल नहीं है। इसी प्रकार 'GWC' जीवभौतिकी और 'GWE' जीवरसायन की अनुसूची भी बहुत छोटी है। कुछ मुख्य वर्गों के विषय क्षेत्र भी संदिग्ध नजर आते हैं।

यह संस्करण पर्याप्त परिवर्तन का परिचय देकर द्विबिन्दु वर्गीकरण के छठे संस्करण से काफी कठिन हो गया है। इस संस्करण का उपयोग भी छठे से जटिल है। इसका उपयोग वर्गकार बिना द्विबिन्दु वर्गीकरण के न्यूजलेटर और निर्देश के करने में समर्थ नहीं हो सकता।

पुस्तकालयों में उपयोग (Use in Libraries)

सातवें संस्करण का प्रयोग DRTC बंगलौर और जवाहरलाल नेहरू विश्वविद्यालय पुस्तकालय नई दिल्ली में होने लगा है। इसके अलावा इसका प्रयोग पुस्तकालय विज्ञान के पाठ्यक्रम में भी इन्दिरा गांधी राष्ट्रीय मुक्त विश्वविद्यालय दिल्ली, गुरुनानक देव विश्वविद्यालय अमृतसर आदि में किया जाने लगा है।

परिशिष्ट

—अभ्यास के प्रश्न
—अभ्यास के प्रश्नों के उत्तर
—पारिभाषिक शब्दावली
—अंग्रेजी हिन्दी शब्द

परिशिष्ट-एक

अभ्यास के प्रश्न

प्रश्न (अ) निम्नलिखित विषयों का मुख्य वर्ग बताइये—

1. छोटे उद्योग (Small scale Industries)
2. बाढ़ पीड़ितों के लिए सहायता (Relief work for flood Sufferers)
3. बच्चों की बीमारियां (Child Diseases)
4. स्त्रियों में क्रोध की भावना (Anger in Women)
5. हॉकी (Hockey)
6. व्याकरण (Grammar)
7. रीढ़ की हड्डी वाले जानवर (Vertebrates)
8. गेहूं की कटाई (Harvesting of Wheat)
9. प्रकाश की गति (Velocity of Light)
10. त्रिकोणमिती (Trignometry)

प्रश्न (आ) निम्नलिखित शीर्षकों का पहलू विश्लेषण (Facet Analysis) **करें—**

11. महाविद्यालय पुस्तकालयों में वर्गीकरण (Classification in College Libraries)
12. भारत में सूर्यग्रहण (Solar Eclipse in India)
13. हाइड्रोजन की संयोजकता (Valency of Hydrogen)
14. कीमती पत्थरों का मिलना (Precious stones occurance)
15. साबुन बनाना (Manufacture of Soaps)
16. लोहे की खदानों में सुरंगें (Tunnels in Iron Mine)
17. पौधे की जड़ों के फासिल्स (Fossils of Roots of Plants)
18. भारत में गेहूं की कटाई (Harvesting of Wheat in India)
19. फेफड़ों की बीमारियों का इलाज (Treatment of Lung Diseases)

20. मुस्लिम सभ्यता (Muslim Civilization)
21. भारत का इतिहास (History of India)
22. अमेरिकी राष्ट्रपति की शक्तियां (Powers of the U.S. President)
23. 1982 में भारतीय रेल प्रबन्धक (Management of Indian Railways in 1982)
24. 20वीं शताब्दी में कनाडा में लोहा उद्योग में विकास (Development of Iron industries in Canada in 20th Century)
25. मुस्लिम सम्पत्ति का कानून (Muslim Property Law)
26. शहरियों में सामाजिक बुराइयां (Social Pathology in Urbans)
27. पंजाबी शब्दों का उच्चारण (Pronunciation of Punjabi words)
28. पौधों पर गन्धक का प्रभाव (Effect of Sulphur on Plants)
29. पुस्तकालय में हस्तलिखितों का वर्गीकरण (Classification of Manuscripts in a Library)
30. चांदी की मुद्रा (Silver money)

प्रश्न (इ) निम्नलिखित शीर्षकों का वर्ग अंक बनाइए (साधारण संयुक्त वर्ग अंक)

31. सन् 1983 में पंजाब के पुस्तकालय (Libraries of Punjab in 1983)
32. साधारण समीकरण (Simple Equation)
33. पुच्छल तारे की बनावट (Structure of Comet)
34. मशीन उपकरण (Machine tools)
35. दक्षिण भारत में दियासलाई उद्योग (Matchbox industriy in South India)
36. हिमाचल प्रदेश में गर्म पानी के चश्मे (Hot Spring in Himachal Pradesh)
37. अग्नेय चट्टानें (जापान) (Igneous rocks in Japan)
38. भौतिक रसायन विज्ञान (Physical Chemistry)
39. अम्ल का घोल (Solution of Acid)
40. प्रोटीन का रसायनिक विश्लेषण (Chemical analysis of Protein)

41. जीव वर्गीकरण (Bio Classfication)
42. मिथेन गैस का संश्लेषण (Synthesis of Methane gas)
43. पौधों का वर्गीकरण (Classification of Plants)
44. प्राणियों का वर्गीकरण (Classification of Animals)
45. मनुष्य के आंख की बनावट (Structure of Human Eye)
46. मनुष्य के आंख की बीमारियां (Deseases of Human Eye)
47. भारत में लोक स्वास्थ्य (Public Health in India)
48. चेचक (Small pox)
49. मलेरिया (Maleria)
50. तैराकी (Swimming)
51. इस्लाम धर्म में भविष्यवाणी (Astrology in Islam)
52. टेनिस कैसे खेलें (How to play Tennis)
53. चिड़ियों का प्रजनन (Migration of birds)
54. पुष्परहित पौधों में रोग की रोकथाम (Prevention of Diseases in Cryptogamia)
55. मुगलकालीन भवन कला (Architecture in Muslim Period)
56. रोमन काल में शहर व्यवस्था (Town planning in Roman Period)
57. शीशे की सतह पर चित्रकारी (Painting on Glass surface)
58. भारतीय कंठ संगीत (Indian Vocal Music)
59. पंजाबी सर्वनाम की बनावट (Structure of Panjabi Pronouns)
60. हिन्दी रूसी शब्दकोष (Hindi Russian Dictionary)
61. रूसी हिन्दी शब्दकोष (Russian Hindi Dictionary)
62. महात्मा बुद्ध (Mahatma Budha)
63. द्वैत दर्शन (Dvait Philosophy)
64. लड़कियों का व्यक्तित्व (Personality of Girls)
65. स्त्रियों को शारीरिक शिक्षा (Physical Education for Women)
66. आर्थिक भूगोल (Economic Geography)
67. राजनीतिक भूगोल (Political Geography)
68. संविधान (Constitution)
69. रूस का संविधान (Constitution of Russia)

70. भारत में राजनैतिक अधिकार (Political Powers in India)
71. भारत में बैंक (Banks in India)
72. बैंकों में हड़ताल (Strikes in Banks)
73. आर्यों के सामाजिक रीतिरिवाज (Social Ceremonies of Aryans)
74. भारत की सामाजिक जनगणना, 1981 (Census in India in 1981)
75. अन्तर्राष्ट्रीय कानून (International Law)
76. मध्य प्रदेश हाई कोर्ट जबलपुर (M.P. High Court Jabalpur)
77. कैलीफोर्निया स्टेट का कानून (Law of California State)
78. अन्तर्राष्ट्रीय युद्ध कानून (Law of International War)
79. भारतीय सुप्रीम कोर्ट के जज (Judges of Indian Supreme Court)
80. आलू का शीत-संग्रह (Cold storage of Potato)

प्रश्न (ई) सामान्य एकल—

81. पुस्तकालय वर्गीकरण पर सूची-पत्र (Bibliography of Library Classification)
82. सांख्यकीय विज्ञापन पर अखिल भारतीय सम्मेलन (All India Conference on Statistics)
83. Library science with a Slant to Documentation
84. रंगानाथ की स्वजीवनी (जन्म 1892) (Autobiography of Ranganathan) (birth 1892)
85. पंजाबी भाषा कमीशन (1962) रिपोर्ट (Panjabi Language Commission (1962) a report)
86. पुस्तकालय सूचीकरण में खोज (Research in Cataloguing)
87. काव्य आलोचना (Critical study of Poetry)
88. पंजाब साहित्य अकादमी, लुधियाना (यह स्थानीय निकाय है।)
89. मध्य प्रदेश लेखक सभा (Writer association of Madhya Pradesh)
90. जवाहरलाल नेहरू कृषि विश्वविद्यालय जबलपुर (JLN Agriculture University Jabalpur)

प्रश्न (उ) दशा सम्बन्ध—

91. भू-विज्ञानियों के लिए गणित (Mathematics for Geologists)

92. गणित का भौतिक रसायन पर प्रभाव (Influence of Mathematics on Physical Chemistry)
93. स्त्रियों और पुरुषों की शिक्षा में अन्तर (Difference between women and men education)
94. राजनैतिक भूगोल का आर्थिक भूगोल पर प्रभाव (Influence of Political Geography on Economic Geography)
95. वर्गीकरण एवं सूचीकरण में सम्बन्ध (Relation between classification and cataloguing)
96. तुलसीदास पर हिन्दू धर्म का प्रभाव (Influence of Hindu Religion on Tulsidas)
97. डाक्टर्स के लिए मनोविज्ञान (Psychology for Doctors)
98. राजनीति और भूगोल (Politics and Geography)
99. अर्थशास्त्रियों के लिए सांख्यिकी (Statistics for Economists)
100. त्रिकोणमिती और रेखागणित में अन्तर (Difference between Trignometry and Geometry)

प्रश्न (ऊ) युक्तियों का प्रयोग—

101. उत्तर प्रदेश में विज्ञान सम्बन्धी पुस्तकालय (Science Library in Uttar Pradesh)
102. कम्प्यूटर (Computers)
103. साबुन उद्योग का उत्पादन (Soap Production Industries)
104. भारतीय लोक दल (स्थापना 1979) (Indian Lok Dal established in 1979)
105. राइडर इन्टरनेशनल क्लासीफिकेशन, 1961 (Rider's International Classification, 1961)
106. ए. ए. सी. आर, 1967 (Anglo American Cataloguing Rules, 1967)
107. शहरी स्त्रियों की जनगणना (Census of Urban Women)
108. माध्यमिक विद्यालयों में साहित्य की शिक्षा (Teaching of Literature in Secondary Schools)
109. मनुष्य के आँखों के ऊतकों की बनावट (Structure of eyes tissue of Human)
110. यूरोपीय दर्शन (European Philosophy)

111. ब्रतानिया का संवैधानिक इतिहास (Constitutional History of Great Britain)
112. सोनालिका गेहूँ की खेती (Cultivation of Sonalika Wheat)
113. एक म्यान दो तलवारें (नानक सिंह) जन्म 1897 (Aik Myan Do Talwaren : Nanak Singh (D.B. 1897)
114. शेक्सपियर (जन्म 1564) कृत मैक्वैथ (Macbeth by Shaksepeare) (1564)
115. मारुती मोटर कार (Maruti Motor Car)
116. स्त्रियों की हीरो साईकल (Ladies Hero Cycle)
117. हिन्दू विधि (Hindu law)
118. भारतीय समाज (Indian Society)
119. इलेक्ट्रानिक दीवार घड़ी (Electronic Wall Clock)
120. गाय के लिए चारे का भण्डारण (Storing of Grass for Cows)

प्रश्न (ए) निहित पहलू

121. आंखों का इलाज (Treatment of eyes) (बीमारी पहलू निहित है)
122. गेहूं का भण्डारण (Storing of Wheat) (कटाई पहलू निहित है)
123. घी (Ghee) (इसमें कई पहलू एक साथ निहित हैं)
124. भारत के पशु एवं पेड़-पौधे (Flora and Fauna of India) (इसमें Natural History निहित है)
125. फूलों की रचना (Structure of Flower) (इसमें फूल वाले पौधे निहित हैं)

प्रश्न (ऐ) विशेष एवं प्रणालियां—

126. होमियोपैथी द्वारा आंखों का इलाज (Homeopathic treatment of eyes)
127. छोटे स्तर का साइकल उद्योग (Small Scale cycle Industries)
128. छोटे बैंकों में समाजवादी आर्थिकता (Socialist in small scale banks)
129. प्राथमिक विद्यालयों में बेसिक शिक्षा (Basic Education in Primary Schools)
130. प्रायोगिक मनोविज्ञान (Experimental Psychology)

प्रश्न (ओ) मिश्रित शीर्षक

131. कोआपरेटिव बैंकों में ब्याज की दर (Rate of interest in Coopertative Banks)
132. धार्मिक प्रचार द्वारा शराबबन्दी
133. मुसलमानों में तलाक कानून (Law of Divorce in Muslims)
134. अण्डों का भण्डारण (Storing of eggs)
135. लोक स्वास्थ्य स्तर पर मलेरिया की रोकथाम (Prevention of Malaria in Public Health)
136. पक्षियों के फेफड़े की बनावट (Structure of Lungs in Birds)
137. चित्रों द्वारा इतिहास की पढ़ाई (Teaching of History Through Diagrams)
138. ग्रन्थालय विज्ञान (प्रथम प्रकाशन 1970)
139. विश्व घटनाक्रम की वार्षिक पत्रिका 1758 (Annual Register of World Events, 1758)
140. मेरी कहानी जवाहर लाल नेहरू 1889 (An Autobiography of Jawahar Lal Nehru 1889)
141. भारतीय राष्ट्रपति के मूर्ति की रचना (Design of Statue of President of India)
142. हिन्दी साहित्य का इतिहास (History of Hindi Literature)
143. भारतीय राष्ट्रीय ग्रन्थ सूची (Indian National Bibliography)
144. पुस्तकालय एवं सूचना विज्ञान विभाग, ठा० र० सि० म० वि० रीवा (Deptt. of Library & Information Science, T.R.S. College Rewa)
145. मध्य प्रदेश पुस्तकालय संघ (स्थापित 1959) (Madhya Pradesh Library Association, established in 1959)

परिशिष्ट—दो

प्रश्नोत्तर

परिशिष्ट एक में दिए गए प्रश्नों के उत्तर निम्नानुसार हैं—

उत्तर (अ) निम्नलिखित प्रश्नों के मुख्य वर्ग

1. अर्थशास्त्र (Economics) X
2. समाजशास्त्र (Sociology) Y
3. चिकित्सा शास्त्र (Medicine) L
4. मनोविज्ञान (Psychology) S
5. उपयोगी कलाएं (Useful Art) M
6. भाषा (Lenguistics) P
7. प्राणी विज्ञान (Zoology) K
8. कृषि (Agriculture) J
9. भौतिक विज्ञान (Physics) C
10. गणित (Mathematics) B

उत्तर (आ) निम्नलिखित शीर्षकों का पहलू विश्लेषण (Facet Analysis) निम्नानुसार हैं—

11.	मुख्य वर्ग (Main Class)	2 पुस्तकालय विज्ञान
	व्यक्तित्व (Personality)	महाविद्यालय
	ऊर्जा (Energy)	वर्गीकरण
12.	MC	B गणित
	[Canonical Class)	B9 खगोल विज्ञान
	[P]	सूर्य
	[E]	ग्रहण
	[S]	भारत
13.	MC	E रसायन शास्त्र
	[P]	हाइड्रोजन
	[E]	संयोजकता

14. MC	H भूविज्ञान
[Canonical Class]	H1 खनिज
[P]	कीमती पत्थर
15. MC	F तकनीक
[P]	साबुन
16. MC	HZ खनिज विज्ञान
[P]	लोहा
[P2]	सुरंग
17. MC	I वनस्पति
[P2]	जड़
[E]	फासिल्स
18. MC	J कृषि
[P]	गेहूँ
[E]	कटाई
[S]	भारत
19. MC	L चिकित्सा
[P]	फेफड़ा
[E]	बीमारी
[2E]	इलाज
20. MC	Y समाजशास्त्र
[P]	मुस्लिम
[E]	सभ्यता
21. MC	V इतिहास
[P]	भारत
22. MC	V इतिहास
[P]	अमेरिका
[P2]	राष्ट्रपति
[E]	शक्तियां
23. MC	X अर्थशास्त्र
[P]	रेल
[E]	प्रबन्ध
[S]	भारत
[T]	1982

24. MC	X अर्थशास्त्र
[P]	लोहा उद्योग
[E]	विकास
[S]	कनाडा
[T]	20वीं शताब्दी
25. MC	Z विधि
[P]	मुस्लिम
[P2]	सम्पत्ति
26. MC	Y समाजशास्त्र
[P]	शहरी
[E]	सामाजिक बुराई
27. MC	P भाषा
[P]	पंजाबी
[P3]	शब्द
[E]	उच्चारण
28. MC	I वनस्पति विज्ञान
[E]	प्रभाव
[2P2]	गन्धक
29. MC	2 पुस्तकालय विज्ञान
[M]	हस्तलिखित
[E]	वर्गीकरण
30. MC	X अर्थशास्त्र
[P]	मुद्रा
[M]	चांदी

उत्तर (इ) निम्नलिखित शीर्षकों के वर्ग अंक—

31. 2.4443'N83
32. B231
33. B951 : 68
34. D6,8
35. F5591.441
36. H412.4445
37. H21.42
38. E : 2

39. E3 : 22
40. E92Z2 : 3
41. G : 11
42. E611 : 4
43. I : 11
44. K : 11
45. L185 : 2
46. L185 : 4
47. L : 5.44
48. L : 4231
49. L35 : 4261
50. MY251
51. △7 : 86
52. MY2131
53. K96 : 58
54. I1 : 4 : 5
55. NA44,J
56. NB52,D
57. NQ; 6
58. NR44; 91
59. P153,34 : 2
60. P152 : 4k
61. P142 : 4k
62. Q4 : 33
63. R68
64. S25 : 7
65. T51 : 6
66. U6
67. U5
68. W : 2
69. V58 : 2
70. W : 5.44
71. X62.44

72. X62 : 979D
73. Y73(P1) : 34
74. Y : 5.44'N81
75. Z1
76. Z4455,83
77. Z7351
78. Z1, A
79. Z44, 81, 11
80. J341 : 7 : 84
81. 2 : 51a
82. B28p44, N73
83. 2m44, N64
84. 2wM92, 1
85. P.4443'N62t4
86. 2 : 55 : f
87. O, 1 : g
88. O.4443, d, प
89. O.4455, g, म
90. J.4455, e4, ज
91. BobH
92. E : 2 og B
93. T51 ow 5
94. U60 r 5
95. 2 : 51ot 5
96. O152, 1J34 og Q2
97. SobL
98. UoaW
99. B28 ob X
100. B5 ou 6
101. 24(A).4451
102. D65, 8(B)
103. X8(F9496) : 2
104. V44, 4N79

105. 2 : 51N61
106. 2 : 55N67
107. Y15-33 : 5
108. T2 : 3(O)
109. L12-185 : 2
110. R85
111. V56 : 2
112. J382 सो
113. O153, 3M97, ए
114. O111, 2J64, मैं
115. D5133 म
116. D5125(Y15) ही
117. Z(Q2)
118. Y73(P15)
119. D65, 8(B9 : 16)
120. KZ311 : 1(J251) : 8
121. L185 : 4 : 6
122. J382 : 7 : 8
123. KZ31 : 74
124. G : 12.44
125. I5 : 2
126. LL, 185 : 4 : 6
127. X9B, 8(D5125)
128. XM2, 9B, 62
129. TN3, 15
130. SM
131. XM, 62 : 11
132. Y : 411 : 5(Q)
133. Z(Q7), 1227
134. KZ351 : 75 : 8
135. L : 54261
136. K96, 45 : 2
137. T : 3(V), 95

138. 2m44, N70
139. Wn1, L58
140. V44y7 M89, 1
141. ND, 8 (V44,1) : 4
142. O152v
143. a43, 144m
144. T4 : 3(2).44558111, d, g
145. 2.4455, g, 9N59

परिशिष्ट—तीन

पारिभाषिक शब्दावली

अनुसूची ((Schedule)

रंगानाथन ने पदावलियों (Terminology) एवं वर्गांकों से युक्त वर्ग योजना को वर्गीकरण की अनुसूची कहा है। अर्थात अनुसूची समस्त ज्ञान के विवरण का अभिलेख है। साधारण शब्दों में प्रामाणिक वर्गीकरण प्रणाली का वह भाग जिसमें प्रत्येक विषय या एकल का कृत्रिम भाषा में चिन्ह् अंक दिया हो।

अंकन (Notation)

वर्गीकरण प्रणाली में वर्गों को प्रस्तुत करने के लिए उपयोग किये जाने वाले क्रमिक अंकों की विधि को अंकन कहते हैं।

आवर्तन (Round)

किसी-किसी विषय की अभिव्यक्ति एक ही पक्ष न होकर उन पक्षों के कई चक्रों में पूर्ण होती है। इन चक्रों को आवर्तन कहते हैं। यह चक्र व्यक्तित्व से प्रारम्भ होकर ऊर्जा पहलू में समाप्त होता है। एक आवर्तन के समाप्त होने के पश्चात् ही दूसरा आवर्तन प्रारम्भ होगा।

[E] प्रथम आवर्तन की ऊर्जा
[2P] द्वितीय आवर्तन का व्यक्तित्व
[2M] द्वितीय आवर्तन का पदार्थ
[2E] द्वितीय आवर्तन की ऊर्जा
[3P] तृतीय आवर्तन का व्यक्तित्व

एकल (Isolate)

ज्ञान की छोटी से छोटी सबसे छोटी इकाई को एकल कहते हैं। इसका आगे उपविभाजन नहीं हो सकता। एकल को किसी न किसी विषय के सन्दर्भ में लेना

आवश्यक है अन्यथा इसका कोई अर्थ नहीं निकलेगा । यह दो प्रकार का है—

1. सामान्य एकल
2. विशिष्ट एकल

जटिल विषय (Complex Class)

दो या दो से अधिक दशाओं से बने विषय को जटिल विषय कहते हैं।

ज्ञान जगत (Universe of Knowledge)

समाज को जो कुल ज्ञान है वह ज्ञान जगत है।

दशा सम्बन्ध (Phase Relation)

विभिन्न विषयों के आपसी सम्बन्ध, जो कि विभिन्न दशाओं में होते हैं को दशा सम्बन्ध कहते हैं। यह सम्बन्ध निम्न छः प्रकार का होता है—

साधारण (General)
दृष्टिकोण (Bias)
तुलनात्मक (Comparision)
भेदात्मक (Difference)
उपकरण (Tool)
प्रभाव (Influence)

परवर्ती सामान्य एकल (Posteriorising Common Isolates)

ऐसे सामान्य एकल जो किसी वर्ग अंक के साथ किसी न किसी योजना चिन्ह द्वारा जुड़ते हैं वे परवर्ती सामान्य एकल हैं। ये जिस वर्ग अंक में जुड़ते हैं उसके पश्चात ही इन्हें क्रम में स्थान दिया जाता है। ये तीन प्रकार के हैं—

1. व्यक्तित्व परवर्ती सामान्य एकल (Personality Posteriorising Common Isolates)

2. पदार्थ परवर्ती सामान्य एकल (Matter Posteriorising Common Isolates)

3. ऊर्जा परवर्ती सामान्य एकल (Energy Posteriorising Common Isolates)

पक्ष या पहलू (Facet)

किसी एक विशेषता के आधार पर बने उपवर्गों के समूह को पक्ष कहते हैं। पक्ष या पहलू मुख्य श्रेणी के बराबर या छोटे हो सकते हैं। इनका आगे विभाजन संभव है।

पक्ष सूत्र या पहलू सूत्र (Facet Formula)

वह सूत्र जो किसी मुख्य वर्ग में अलग-अलग पक्षों का क्रम निर्धारित करता है वह पक्ष सूत्र या पहलू कहलाता है। साधारण पक्ष सूत्र निम्न है—

[मुख्य वर्ग] [व्यक्तित्व]; [पदार्थ] : [ऊर्जा]. [स्थान] '[समय]

पूर्ववर्ती सामान्य एकल (Anteriorising Common Isolates)

वे सामान्य एकल जो किसी वर्गांक के साथ बिना किसी योजक चिन्ह के प्रयोग किये जाते हैं, को पूर्ववर्ती सामान्य एकल कहते हैं। जिस वर्ग में ये एकल उपयोग किये जाते हैं, उसकी उपयोगिता कम हो जाती है और साधारण उपयोग की वस्तु रह जाती है अतः इसे विषय के पहले रखा जाता है। ये तीन प्रकार के होते हैं—

1. स्थान के पहले उपयोग होने वाले (Applicable Before Space)
2. स्थान के पश्चात उपयोग होने वाले (Applicable After Space)
3. समय के बाद उपयोग होने वाले (Applicable After Time Facet)

पंक्ति (Array)

समान आस्तिवों का समूह जो विभाजन के फलस्वरूप बनता है पंक्ति कहलाता है। पंक्ति मुख्य वर्ग से लेकर एकल तक में हो सकती है।

प्रणाली (System)

किसी मुख्य वर्ग में विभिन्न प्रकार के मत, विधि या विचारधारायें होती हैं, उन्हें प्रणाली कहते हैं। इन प्रणालियों के अंक काल युक्ति से बनते हैं। जो प्रणाली अत्यधिक लोकप्रिय होती है वह मुख्य वर्ग के साथ मान ली जाती है।

प्रामाणिक वर्ग (Canonical Class)

ऐसे विषय जो पक्षों के रूप में विभाजित नहीं किये जा सकते प्रामाणिक कहलाते हैं। इनका विभाजन परम्परागत रूप से प्राप्त विषयों में किया जाता है। यह गणित, भौतिक, दर्शन आदि में पाया जाता है।

मुख्य वर्ग (Main Class)

ज्ञान जगत के प्रथम विभाजन से प्राप्त वर्ग को मुख्य वर्ग कहते हैं। द्विबिन्दु वर्गीकरण के छठे संस्करण में इसकी संख्या इक्तीस है। यह संख्या और विषय वर्ग क्षेत्र का दायरा समय अनुसार बदलता रहता है।

मूलभूत श्रेणियां (Fudamental Categories)

रंगनाथन की यह धारणा है कि विषय कुछ या सभी पांच मूलभूत श्रेणियों से मिलकर बने हैं। ये श्रेणियां निम्न हैं—

व्यक्तित्व (Personality)
पदार्थ (Matter)
ऊर्जा (Energy)
स्थान (Space)
समय (Time)

इन्हें संक्षेप में PMEST कहा जाता है। प्रत्येक मुख्य वर्ग का प्रथम विभाजन उपर्युक्त श्रेणियों में किया जाता है।

युक्तियां (Devices)

किसी एकल को नये सिरे से बनाने, अधिक केन्द्रित करने के लिए या विशिष्टीकृत करने के लिए प्रयोग की जाने वाली विधि को युक्ति कहते हैं। ये युक्तियां निम्न हैं—

विषय युक्ति (Subject Device) (SD)
काल युक्ति (Chronological Device) (CD)
भौगोलिक युक्ति (Geographical Device) (GD)
अध्यारोपण युक्ति (Superimposition Device) (SD)
स्मृति सहायक (Mnemories Device) (MD)
गौरवग्रन्थ युक्ति (Classics Device) (CID)
वर्णक्रम युक्ति (Alphabetical Device) (AD)

योजक चिन्ह (Connecting Symbols)

पक्ष सूत्र या पहलू सूत्र में एक श्रेणी से दूसरी श्रेणी को अलग करने के लिए और उसको मूल पक्ष से सम्बन्धित करने के लिए रंगनाथन ने प्रत्येक श्रेणी का अलग-अलग चिन्ह निर्धारित किया है इसको योजक चिन्ह कहते हैं।

विशेष (Specials)

कुछ मुख्य वर्गों को उसकी कुछ विशेषताओं में विभाजित किया है ये विशेषतायें कुछ भी हो सकती हैं।

विश्लेषण (Analysis)

यह विषय में अलग-अलग श्रेणियों, पक्षों आदि को पहचानने एवं अलग करने की क्रिया है।

सामान्य एकल (Common Isolates)

किसी भी वर्ग के साथ संलग्न किया जाले वाला एकल विचार सामान्य एकल है। ये एकल विषय वस्तु को दर्शाते हुए प्रलेखों के बाह्य या आन्तरिक स्वरूप को दर्शाते हैं। अर्थात ज्ञान की इकाई न होकर प्रलेख का स्वरूप है। इनका आगे विभाजन इस प्रकार से है—

1. पूर्ववर्ती सामान्य एकल (Anteriorising Common Isolates)
2. परवर्ती सामान्य एकल (Posteriorising Common Isolates)

संयुक्त विषय (Compound Class)

वे विषय जो मुख्य वर्ग या प्रामाणिक उपवर्ग के साथ कम से कम एक एकल से मिल कर बना हो संयुक्त विषय कहलाता है। इनकी संख्या ज्ञान जगत में अनगिनत है।

संश्लेषण (Synthesis)

विश्लेषित पक्षों को क्रम में रखकर उनको एकल अंक और योजक चिन्ह देकर वर्ग अंक बनाने की क्रिया को संश्लेषण कहते हैं।

स्तर (Level)

किसी एक आवर्तन में किसी भी पहलू के एक से अधिक बार आने की क्रिया को स्तर कहते हैं। किसी पक्ष के स्तर अंक को उसके आगे लगाकर दर्शाया जाता है। यह व्यक्तित्व, पदार्थ, स्थान और समय में पाया जाता है।

[P1] पहले स्तर का व्यक्तित्व
[P2] दूसरे स्तर का व्यक्तित्व
[P3] तीसरे स्तर का व्यक्तित्व
[P4] चौथे स्तर का व्यक्तित्व
[2P2] दूसरे आवर्तन में दूसरे स्तर का व्यक्तित्व

श्रृंखला (Chain)

श्रृंखला वर्गों का एक क्रम है जो आपस में समवर्गीय नहीं होते अर्थात् घटते क्रम से रखे गये अस्तित्वों के एकल समूह को श्रृंखला कहते हैं।

परिशिष्ट—चार

अंग्रेजी-हिन्दी शब्दावली

Analysis विश्लेषण
Anteriorising Common Isolates (ACI) पूर्ववर्ती सामान्य एकल
Array पंक्ति
Canonical Class (CC) प्रामाणिक उपवर्ग
Chain श्रृंखला
Common Isolate (CI) सामान्य एकल
Complex Class (CxC) जटिल विषय
Compound Class (Cdc) संयुक्त विषय
Connecting Symbols (CS) योजक चिन्ह
Devices युक्तियां
Facet पक्ष या पहलू
Facet Formula पक्ष सूत्र या पहलू सूत्र
Fundamental Category (FC) मूलभूत श्रेणियां
Indicator Digit *See* Connecting Symbols
Isolate (I) एकल
Level स्तर
Main Class (MC) मुख्य वर्ग
Notation अंकन
Phase Relation दशा सम्बन्ध
Posteriorising Common Isolate (PCI) परवर्ती सामान्य एकल
Rounds आवर्तन
Schedule अनुसूची
Special Facet (SpF) विशेष पक्ष
Synthesis संश्लेषण
System Facet (SyF) प्रणाली पहलू
Universe of Knowledge ज्ञान जगत

अनुक्रमणिका